D1882766

हिंद स्वराज्य

हिंद स्वराज्य

महात्मा गांधी

GYAN

इस पुस्तक के सर्वाधिकार सुरक्षित हैं। लेखक की लिखित अनुमति के बिना इसके किसी भी अंश को फोटोकॉपी एवं रिकार्डिंग सहित इलेक्ट्रॉनिक अथवा मशीन किसी भी माध्यम से अथवा ज्ञान के संग्रहण एवं पुन:प्रयोग की प्रणाली द्वारा किसी भी रूप में पुनरुत्पादित अथवा संचारित-प्रसारित नहीं किया जा सकता।

हिंद स्वराज्य

© महात्मा गांधी

ISBN : 978-81-212-6047-3 (PB)

भारत में सन् 2022 में प्रकाशित

ज्ञान पब्लिशिंग हाऊस
5, अंसारी रोड, दरियागंज,
नई दिल्ली-110002
वेब साइट: www.gyanbooks.com
ई-मेल: books@gyanbooks.com
Phone : 011-47034999, 9811692060

मुद्रित: ज्ञान प्रेस, दिल्ली

भूमिका

लार्ड लोदियन जब से गाँव आये तो उन्होंने मुझसे हिंद स्वराज्य की एक प्रति माँगी। उन्होंने कहा कि गांधीजी आज जो–कुछ उपदेश दे रहे हैं वह सब बीज रूप में इस नन्ही-सी पुस्तक में विद्यमान हैं,अतः गांधीजी को ठीक तौर से समझने के लिए उसको बार-बार पढ़ना चाहिए। संयोग की बात है कि लगभग उसी समय श्रीमती सोफिया वाडिया ने भी उसके विषय में लेख-लिखकर हमारे सब मंत्रियों, व्यवस्थापिका सभाओं के सदस्यों, सभी बड़े-बड़े अंग्रेज-हिंदुस्तानी अफसरों–यही नहीं, लोकतंत्र-शासन में असहयोग के वर्तमान प्रयोग की सफलता चाहनेवाले हर एक आदमी से उस पुस्तक को बार-बार पढ़ने का आग्रह किया। वह लिखती हैं–"अहिंसक आदमी अपने ही घर में कैसे अधिनायक, सर्वाधिकारी हो सकता है? पियक्कड़ कैसे बन सकता है? वकील अपने मुवक्किल को अदालत जाने और लड़ने की सलाह कैसे दे सकता है? इन प्रश्नों के उत्तर देने में अति महत्व के व्यावहारिक प्रश्न उपस्थित होते हैं। 'हिद-स्वराज्य' में इन प्रश्नों पर सिद्धांत की दृष्टि से विचार किया गया है। इसलिए जन-साधारण में उसके विचारों का व्यापक रूप से प्रचार होना चाहिए।"

उनकी यह अपील सामयिक है। यह पुस्तक भारत में हिंसात्मक क्रांति करने के पक्षपातियों की दलीलों के जवाब में लिखी गई थी। सन् १९०८ ई० में जब गांधीजी लंदन से लौट रहे थे तब जहाज पर उन्होंने इसे लिखा था और उनके द्वारा संपादित इंडियन प्रोपीनियन पत्र में यह

क्रमशः प्रकाशित हुई थी। इसके बाद यह लेखमाला पुस्तक–रूप में प्रकाशित हई और बंबई–सरकार ने उसे जब्त कर लिया। मि० कैलनबैक की खातिर गांधीजी ने (गुजराती से) इसका (अंग्रेजी में) उलथा किया था। बंबई–सरकार की जब्ती के जवाब में उन्होंने वह उलथा प्रकाशित किया। १९१२ ई० में स्व० गोखले दक्षिण अफ्रीका गये थे। उन्होंने जब इस अनुवाद को देखा तो उन्हें इसके विचार इतने अनगढ़, अधकचरे और जल्दबाजी के जान पड़े कि उन्होंने कहा–एक साल हिंदुस्तान में रहने के बाद गांधी जी खुद ही इस किताब को फाड़ कर फेंक देंगे। उस महापुरुष के प्रति पूरा आदर रखते हुए भी मैं कह सकता हूँ कि उनकी भविष्यवाणी सच नहीं हुई।

१९२१ में इस पुस्तक के बारे में लिखते हुए गांधीजी ने कहा था–"यह द्वेष के बदले प्रेम की शिक्षा देती है। हिंसा का स्थान आत्मबलि को देती है, पशुबल के मुकाबले में आत्मबल को खड़ा करती है। मैं इसके एक शब्द को छोड़कर और कुछ भी काटना बदलना नहीं चाहता, और वह भी एक महिला-मित्र के अनुरोध से। "इस पोथी में 'आधुनिक सभ्यता' की कड़ी निंदा की गई है। यह १६०८ में लिखी गई थी, पर मेरा वह विश्वास आज और भी दृढ़ है। ...पर मैं पाठकों को यह चेतावनी दे देना चाहता हँ कि आज मेरा लक्ष्य वह स्वराज्य नहीं है जिसका स्वरूप इस पुस्तक में बताया गया है। मैं जानता हूँ कि भारतवर्ष उसके लिए अभी पूरे तौर से तैयार नहीं है। यह कहना ढिठाई मालूम हो सकती है, पर यह मेरा दृढ़ विश्वास है। मैं खुद तो उसी स्वराज्य के लिए श्रम कर रहा हूँ, जिसका नक्शा इसमें खींचा गया है, पर हमारे सामुदायिक प्रयास का लक्ष्य भारतवर्ष की जनता की इच्छा के अनुसार पार्लमेंटरी स्वराज्य पाना ही है।"

आज १९३८ में कहीं-कहीं भाषा में थोड़ा-बहुत सुधार कर देने के सिवा और कोई फेरफार वह इसमें नहीं करेंगे। इसलिए यह पुस्तक बिना कुछ घटाये-बढ़ाये ज्यों-की-त्यों पाठकों के सामने रखी जा रही है।

पर हिंदुस्तान ऐसे स्वराज्य के लिए तैयार हो या न हो, हिंदुस्तानियों के लिए सर्वोत्तम यही है कि जिस पुस्तक में सत्य और अहिंसा के युग्म सिद्धांतों के ग्रहण का अंतिम तर्क-संगत परिणाम क्या है, यह बताया गया है उसको पढ़कर उन सिद्धांतों को अपनाने-न-अपनाने का निर्णय करें।

गांधीजी को जब यह बतलाया गया कि कुछ समय से यह किताब बाजार में नहीं मिलती और इसके मद्रासवाले संस्करण की ही थोड़ी-सी प्रतियाँ बची हैं जिनके दाम आठ आने हैं तो उन्होंने कहा कि इसे फौरन लागत के दाम पर प्रकाशित करना चाहिए जिससे जो लोग इसे पढ़ना चाहें उनके लिए यह सुलभ हो जाए। इसीलिए यह पुस्तक प्राय: लागत के मूल्य पर ही प्रकाशित की जा रही है।

वर्धा

२-२-३८ **–महादेव देसाई**

प्रस्तावना

स्वराज्य के बारे में मैंने जो ये बीस प्रकरण लिखे हैं उन्हें आज पाठकों के सामने उपस्थित करने का साहस कर रहा हूँ। जब मुझसे न रहा गया तभी मैंने लिखा। बहुत पढ़ा, बहत सोचा। फिर जब विलायत में ट्रांसवाल-डेपुटेशन के लिए चार महीने रहा उस अरसे में मुझसे जहाँ तक हो सका हिंदुस्तानियों के साथ इन बातों पर विचार किया। जितने अंग्रेजों से भी मिल सका, मिला। जो विचार मुझे पक्के, अंतिम जान पड़े उन्हें पाठकों के सामने रखना अपना फर्ज समझा।

जो विचार मैंने प्रकट किये हैं वे मेरे हैं और मेरे नहीं हैं। मेरे हैं, क्योंकि उनके अनुसार आचरण करने की मुझे आशा है; वे मेरे अंतर में बस-से गये हैं। मेरे नहीं हैं, क्योंकि वे मेरे ही दिमाग में उपजे हों, सो बात नहीं है। वे कितनी ही पुस्तकें पढ़ने के बाद बने हैं। मन जिन बातों को अपने अंतर में अनुभव कर रहा था उन्हें पुस्तकों का सहारा मिल गया।

जो विचार मैं पाठकों के सामने रख रहा हूँ वही सभ्यता के चक्कर में न पड़े हुए बहुसंख्यक हिंदुस्तानियों के भी हैं, इसे सिद्ध करने की तो कोई आवश्यकता नहीं दिखाई देती, पर यूरोप के हजारों आदमी भी वैसे ही विचार रखते हैं, यह मैं पाठकों के मन में प्रमाणों से ही बैठाना चाहता हूँ। जिसे छान-बीन करनी हो, जिसे फुर्सत हो वह पुस्तकों को पढ़कर देख सकता है। फुर्सत मिलने पर मैं उनमें से कुछ पुस्तकें पाठकों के सामने रख सकने की आशा रखता हूँ।

मेरे लेख पढ़कर 'इंडियन ओपीनियन' के पाठकों या दूसरे लोगों के मन में जो विचार उठे उन्हें जताने की कृपा वे करेंगे तो मैं उनका एहसानमंद हूँगा।

इन लेखों को लिखने का उद्देश्य केवल देश सेवा, सत्य की खोज और उसके अनुसार आचरण करना है। इसलिए मेरे विचार गलत ठहरें तो उनसे चिपके रहने का आग्रह मुझे नहीं है। हाँ, वे सही साबित हों तो देश के हितार्थ साधारण रीति से मन में यह इच्छा रहेगी कि दूसरे भी उनका अनुसरण करें।

सरलता की दृष्टि से ये लेख पाठक और संपादक के संवाद रूप में लिखे गये हैं।

कलडोनन कसल **—मोहनदास करमचंद गांधी**

22 नवंबर, १९०९

विषय-सूची

1

कांग्रेस और उसके पदाधिकारी

पाठक—इस समय हिंदुस्तान में स्वराज्य-आंदोलन की हवा बह रही है। सभी हिंदुस्तानी आजादी के लिए तड़पते दिखाई देते हैं। दक्षिण अफ्रीका के हिंदुस्तानियों में भी कुछ वैसी ही भाव-धारा बह रही है। हिंदुस्तानियों में अपने हक हासिल करने का जबर्दस्त जोश दिखाई देता है। आप इस बारे में अपने विचार बतलाने की कृपा करेंगे?

संपादक—आपका सवाल तो ठीक है, लेकिन उसका जवाब देना आसान नहीं है। अखबार का एक काम तो है और लोगों के भावों को समझना और उन्हें प्रकट करना; दूसरा है लोगों में जिन भावनाओं की जरूरत हो उन्हें जगाना; तीसरा काम है लोगों में जो खोटे-दोष हों उन्हें निर्भय होकर प्रकट कर देना, चाहे इसमें कितनी ही मुसीबतें क्यों न पायें। आपके सवाल का जवाब देने में ये तीनों बातें एक-साथ आ जाती हैं। लोक-भावना को किसी हद तक प्रकट करना होगा, लोगों में जिन इष्ट भावनाओं की कमी है उन्हें पैदा करने का यत्न करना होगा, और उनमें जो खोट-खामियाँ हैं उन्हें दिखलाना होगा। फिर भी जब आपने सवाल किया है तो उसका जबाब देना मुझे फर्ज जान पड़ता है।

पा०—क्या सचमुच आप ऐसा समझते हैं कि हिंदुस्तानियों में स्वराज्य की भावना जग गई है?

सं०—यह तो जब नेशनल कांग्रेस (राष्ट्रीय महासभा) की स्थापना हुई तभी से देखने में आ रहा है। 'नेशनल' शब्द का अर्थ ही इस भाव का सूचक है।

पा०—आपकी यह बात तो ठीक नहीं जान पड़ती। हिंदुस्तान के नौजवान तो कांग्रेस को कुछ गिनते ही नहीं; वे तो उसे अंग्रेजी राज्य को बनाये रखने का साधन समझते हैं।

सं०—नौजवानों का यह खयाल ठीक नहीं है। भारत के पितामह दादाभाई नौरोजी ने जमीन तैयार न की होती तो हमारे नौजवान जो आज स्वराज्य की बात करते हैं वह भी न कर पाते। मि० ह्यूम ने कांग्रेस का उद्देश्य सिद्ध करने के लिए जो लेख लिखे, जिस तरह चाबुक लगा-लगाकर हमें कुछ करने को मजबूर किया, और जिस जोश के साथ हमें सोते से जगाया वह कैसे भुलाया जा सकता है? सर विलियम वेडरबन ने भी इसी में अपना तन-मन धन लगा दिया। उन्होंने अंग्रेजी राज्य के बारे में जो लेख लिखे हैं वे आज भी पढ़ने लायक हैं। प्रोफेसर गोखले ने राष्ट्र को तैयार करने के लिए बीस बरस तक भिखारी का जीवन बिताया। आज भी वह गरीबी की तरह ही रहते हैं। स्वर्गीय जस्टिस बदरुद्दीन तैयबजी भी उन लोगों में से हैं जिन्होंने कांग्रेस के जरिये स्वराज्य का बीज बोया। इसी प्रकार बंगाल, मद्रास, पंजाब आदि में भी कांग्रेस और हिंदुस्तान के हितैषी—हिंदुस्तानी और अंग्रेज दोनों—हो चुके हैं, यह हमें याद रखना चाहिए।

पा०—ठहरिए, ठहरिए; आप तो बहुत आगे बढ़ गये। मेरा सवाल कुछ है, और आप जवाब कुछ दे रहे हैं। मैं स्वराज्य के बारे में पूछता हूँ, आप पर—राज्य की बात कर रहे हैं। मुझे अंग्रेजों का नाम नहीं सुहाता, और आपने उनके नामों की झड़ी लगा दी। इस तरह तो हमारा मेल बैठता नहीं दिखाई देता। मुझे तो स्वराज्य की ही चर्चा भाती है, दूसरी बुद्धिमत्ता-भरी बातों से मुझे संतोष नहीं मिलने का।

सं०—आप तो घबरा गये, पर मेरा काम घबराने से न चलेगा। आप जरा सब्र से काम लें तो आप देखेंगे कि आप जो चीज चाहते है वहीं आपके सामने आ जायगी। याद रखिए, हथेली पर सरसों नहीं जमती। आपने मुझे रोका और आपको भारत का भला करनेवालों की चर्चा नहीं सुहाती, यह बताता है कि कम-से-कम आपके लिए तो स्वराज्य अभी

बहुत दूर है। आप जैसे बहुत-से हिंदुस्तानी हों तो तब तो हम आगे जाकर भी पीछे रह जायेंगे। यह बात जरा सोचने लायक है।

पा०—मुझे तो ऐसा लगता है कि इस तरह की गोल-मटोल बातें करके आप मेरे सवाल को उड़ा देना चाहते हैं। जिन्हें आप हिंदुस्तान का हित करनेवाला समझते हैं उन्हें मैं वैसा नहीं मानता। तब मैं उनके किस उपकार की बात आप से सुनूँ? जिन्हें आप भारत के पितामह कहते हैं उन्होंने उसकी कौन-सी भलाई की? वे तो कहते हैं कि अंग्रेज शासक न्याय करेंगे और हमें उनके साथ मिलकर काम करना चाहिए।

सं०—मैं बड़ी विनय के साथ आपसे कहुँगा कि इन महा-पुरुषों के बारे में आपका बे-अदबी से बोलना हमारे लिए लज्जा की बात है। जरा उनके कामों की ओर तो देखिए। उन्होंने अपना जीवन भारत को अर्पण कर दिया। उन्हीं के पढ़ाए हुए पाठ तो हमने पढ़े हैं। अंग्रेजों ने हिंदुस्तान का खून चूस लिया है, यह बात आदरणीय दादाभाई ने ही तो हमें बतलाई है? अगर आज भी अंग्रेजों पर उनका विश्वास बना है तो इससे क्या बिगड़ता है? जवानी के जोश में अगर हम एक कदम आगे बढ़ जाते हों तो क्या इससे दादाभाई हमारे लिए कम पूज्य हो गये? क्या इसी कारण हम उनसे बड़े ज्ञानी हो गए? जिस डंडे पर पाँव रख कर हम ऊपर चढ़े उसको लात न मारना ही बुद्धिमानी है। याद रखिये, अगर हमने उसे तोड़ या निकाल दिया तो सारी सीढ़ी ही बैठ जाएगी। बचपन से बढ़कर जब हम जवानी में आते हैं तो बाल काल का तिरस्कार नहीं करते बल्कि बड़े प्रेम से उन दिनों को याद करते हैं। अनेक वर्षों के अध्ययन के बाद कोई मुझे पढ़ाये और उस पूँजी को मैं थोड़ा बढ़ा लूँ तो इससे मैं अपने गुरु से बड़ा ज्ञानी नहीं मान लिया जाऊँगा। अपने गुरु का तो सम्मान मुझे करना ही होगा। यही बात भारत के पितामह दादाभाई नौरोजी के बारे में भी समझनी चाहिए ! यह तो हमें मानना ही होगा कि हमारी राष्ट्रीयता के जनक वही हैं।

पा०—यह तो आपने ठीक कहा यह बात तो समझ में आ रही है कि दादाभाई का हमें सम्मान करना चाहिए, क्योंकि वह और उन-जैसे पुरुषों

ने जो काम किया वह न हुआ होता तो आज हममें जो जाग और जोश है वह शायद न होता। लेकिन प्रोफेसर गोखले की गिनती उनमें कैसे हो सकती है? वह तो अंग्रेजों के बड़े हिमायती हो रहे हैं। कहते हैं कि अंग्रेजों से हमें बहुत-कुछ सीखना है, पहले हमें उनकी राजनीति को सीख-समझ लेना चाहिए, फिर स्वराज्य की बात करनी चाहिए। उनके भाषणों से तो मेरा जी ऊब गया है।

सं०—यह जी ऊबना तो इस बात की दलील है कि आपमें धीरज नहीं है। पर जो नौजवान अपने माँ-बाप के ठंढे स्वभाव से ऊबते और उनके अपने साथ न दौड़ सकने पर क्रोध करते हैं वे अपने माँ-बाप का अनादर करनेवाले माने जाते हैं। प्रोफेसर गोखले के बारे में भी यही बात है। अगर वह हमारे साथ नहीं दौड़ सकते तो इससे क्या होता है? जो राष्ट्र स्वराज्य का उपभोग करना चाहता है वह अपने बड़ों का तिरस्कार नहीं कर सकता। बड़ों की इज्जत करने की आदत छूट जायगी तो हम निकम्मे हो जायेंगे। स्वराज्य का उपभोग तो परिपक्व बुद्धिवाले ही कर सकते हैं, उच्छृंखल, उतावले नहीं। फिर देखिए, जिस समय गोखले ने देश में शिक्षा के प्रसार के लिए अपना जीवन अर्पण किया उस वक्त उन-जैसे हिंदुस्तानी कितने थे? मेरा तो विश्वास है कि प्रोफेसर गोखले जो कुछ करते हैं वह शुद्ध भाव से, हिंदुस्तान का हित सोचकर ही करते हैं। उनके हृदय में भारत की इतनी भक्ति है कि जरूरत हो तो उसके लिए वह अपनी जान भी हाजिर कर सकते हैं। वह जो कहते हैं उसे ठीक मानकर कहते हैं, किसी की खुशामद करने के लिए नहीं कहते। अतः हमारे मन में उनके प्रति पूज्य भाव होना चाहिए।

पा०—तो क्या जैसा वह कहते हैं वैसा हमें भी करना चाहिए?

सं०—मैं यह तो नहीं कहता। अगर सचाई के साथ हमारा उनसे मतभेद हो तो वह खुद ही हमें यही सलाह देंगे कि हमें अपने मत-विश्वास के अनुसार चलना चाहिए। हमारा मुख्य कर्तव्य तो यह है कि हम उनके काम की निंदा न करें। वह हम से बड़े हैं यह माने और

यह विश्वास रखें कि उनकी तुलना में हम लोगों ने हिंदुस्तान के लिए कुछ नहीं किया है। कुछ पत्र उनके बारे में ओछी बातें लिखते हैं। हमारा फर्ज है कि हम उनकी निंदा करें और प्रोफेसर गोखले-जैसे लोगों को स्वराज्य का स्तम्भ समझें। यह मान लेना अच्छी बात नहीं है कि दूसरों के विचार गलत हैं और हमारे सही हैं, और जो हमारे विचारों के अनुसार नहीं चलता वह देश का दुश्मन है।

पा०-अब आपकी बातें कुछ-कुछ समझ में आने लगी हैं, फिर भी मुझे इस विषय में सोचना होगा। लेकिन मि० ह्यूम, सर विलियम वेडरबर्न आदि के बारे में आपने जो कुछ कहा वह तो मेरी समझ के बाहर की बात है।

सं०-जो बात हिंदुस्तानियों के लिए है वही अंग्रेजों के बारे में भी समझनी चाहिए। मैं यह नहीं मान सकता कि सभी अंग्रेज बुरे हैं। बहुत-से अंग्रेज ऐसे हैं जो चाहते हैं कि हिंदुस्तान को स्वराज्य मिल जाये। यह तो सही है कि अंग्रेज-जाति में स्वार्थ की मात्रा आवश्यकता से कुछ अधिक है; पर इससे यह साबित नहीं होता कि हरएक अंग्रेज खराब है। जो अपने साथ न्याय चाहते हैं उन्हें दूसरों के साथ भी न्याय करना होगा। सर विलियम वेडरबर्न हिंदुस्तान की बुराई नहीं चाहते, इतना ही हमारे लिए काफी है। हम ज्यों-ज्यों आगे बढ़ेंगे त्यों-त्यों आप देखेंगे कि हम न्यायवृत्ति से काम लेंगे तो हिंदुस्तान को गुलामी से जल्दी छुटकारा मिलेगा। साथ ही आप यह भी देखेंगे कि अंग्रेज-मात्र को अगर हम अपना दुश्मन समझेंगे तो स्वराज्य हमसे दूर चला जाएगा। पर अगर हम उनके साथ न्याय करें तो स्वराज्य-प्राप्ति में हमें उनकी मदद मिलेगी।

पा०-फिलहाल तो यह सब मुझे फालतू अकलमंदी दिखाना-सा जान पड़ता है। स्वराज्य-प्राप्ति में अंग्रेजों की मदद मिले यह तो आप उलटी बातें कहते हैं। हमारे स्वराज्य से अंग्रेजों का क्या सरोकार? मगर इस सवाल का जवाब मुझे इसी वक्त नहीं चाहिए। उसमें वक्त लगाना बेकार है। जब आप बतलायेंगे कि स्वराज्य हमें कैसे मिलेगा, तब मैं शायद

आपके विचार समझ सकूँ। इस समय तो अंग्रेजों की मदद की बात कहकर आपने मझे भ्रम में डाल दिया है और आपके विचारों के विषय में मेरे मन में शंका उत्पन्न हो गई है। इसलिए इस बात को आगे न बढ़ाना ही अच्छा है।

सं०—मैं अंग्रेजों की बात बढ़ाना नहीं चाहता। मेरे विषय में आपके मन में जो भ्रम हो गया है उसकी परवा मुझे नहीं है। मुझे यही ठीक मालूम होता है कि जो कड़वी बात कहनी हो शुरू में ही कह दूँ। मेरा फर्ज है कि धीरज के साथ आपका भ्रम दूर करने की कोशिश करूँ।

पा०—आपकी यह बात मुझे पसंद आती है। इससे मैं जिसे ठीक समझूँ उसे कहने की मुझे हिम्मत हो रही है। फिर भी एक शंका तो रह ही गई। कांग्रेस की स्थापना से स्वराज्य की नींव किस तरह पड़ी?

सं०—देखिए, कांग्रेस ने भिन्न-भिन्न प्रांतों के भारतीयों को इकट्ठा करके उनमें एक राष्ट्र होने की भावना पैदा की। कांग्रेस पर सरकार की सदा कड़ी नजर रही है। कांग्रेस ने हमेशा इस बात पर ज़ोर दिया है कि राष्ट्र के आय-व्यय का नियंत्रण जनता के ही हाथ में होना चाहिए। कनाड़ा-सरीखे स्वराज्य की माँग वह सदा करती रही है। वह मिलेगा या नहीं, उससे अच्छी भी कोई चीज है या नहीं, यह सब अलग सवाल है। मुझे तो यही बतलाना है कि कांग्रेस ने हिंदुस्तान को स्वराज्य का चसका लगा दिया। इसका श्रेय उसे न देकर किसी और को देना अनुचित है और हम ऐसा करें तो यह हमारी कृतघ्नता होगी; यही नहीं इससे हमारे उद्देश्य की सिद्धि में भी बाधा पड़ेगी। कांग्रेस को अगर हम अपने से भिन्न और स्वराज्य-प्राप्ति के मार्ग में बाधारूप मानेंगे तो उसका उपयोग न कर सकेंगे।

2

बंग-भंग

पा०—आपके कहने के मुताबिक यह बात तो ठीक ही मालूम पड़ती है कि स्वराज्य की नींव कांग्रेस ने डाली; लेकिन यह तो आपको कबूल करना होगा कि वह सच्ची जाग नहीं मानी जा सकती। सच्ची जाग कब और कैसे हुई?

सं०—बीज कभी दिखाई नहीं देता। वह तो मिट्टी के नीचे अपना काम करके खुद मिट जाता है, तब जाकर पेड़ जमीन के ऊपर देख पड़ता है। यही हाल कांग्रेस का है। जिसे आप सच्ची जाग मानते हैं वह तो बंग-भंग से पैदा हुई है। उसके लिए तो हमें लार्ड कर्जन का एहसान मानना चाहिए। बंग-भंग के समय बंगालियों ने लार्ड कर्जन की बहुत आरजू-मिन्नत की; पर शक्ति के मद में उन्होंने कुछ न सुनी। उन्होंने मान लिया कि हिंदुस्तानी केवल बक-झक करके रह जायेंगे, इनके किये और कुछ नहीं होने का। उन्होंने हिंदुस्तानियों के लिए अपमान-भरे शब्द व्यवहार किये, और बड़ी ऐंठ के साथ बंगाल के दो टुकड़े कर दिये। समझना चाहिए कि उसी दिन से ब्रिटिश राज्य के भी टुकड़े हो गये। बंग-भंग से ब्रिटिश-शक्ति को जैसा धक्का लगा वैसा और किसी बात से नहीं लगा। इसका यह मतलब नहीं कि दूसरे जो अन्याय हुए वे बंग-भंग से कुछ कम थे। नमक-कर कोई छोटा अन्याय नहीं है। आगे चलकर हमें ऐसी कितनी ही बातें मालूम होंगी। पर बंग-भंग का विरोध करने के लिए जनता तो तैयार

थी। उस समय उसमें बड़ा जोश था। बंगाल के अनेक नेता अपना सर्वस्व होमने को उद्यत थे। उन्हें अपनी शक्ति का पता था। इसलिए एकबारगी विस्फोट हुआ। अब यह आग बुझनेवाली नहीं, बुझाने की जरूरत भी नहीं है। बंग-भंग तो रद्द होगा ही, बंगाल फिर जुड़ जाएगा; पर ब्रिटिश नाव में जो दरार पड़ गई है वह भरने की नहीं, वह दिन-दिन और चौड़ी होती जायेगी। जागा हुआ हिंदुस्तान फिर सो जाए, यह हो नहीं सकता। बंग-भंग को रद्द करने की माँग एक तरह से स्वराज्य की ही माँग है। बंगाल के नेता इस बात को अच्छी तरह समझते हैं। ब्रिटिश अधिकारी भी इसे समझते हैं। इसी से तो बंग-भंग अभी तक रद्द नहीं हुआ पर ज्यों-ज्यों दिन बीतते हैं, भारत राष्ट्र बनता जाता है; राष्ट्रों का निर्माण एक दिन में नहीं हुआ करता; इसके लिए तो कितने ही बरस चाहिए।

पा०—आपकी समझ में बंग-भंग का फल क्या हुआ?

सं०—अब तक हम यह समझते आ रहे थे कि हमें बादशाह के पास अपनी अरजी-फरियाद पहुँचानी चाहिए और वहाँ सुनवाई न हो तो चुपचाप सब कष्ट-अन्याय सहन करते रहें; हाँ, बीच-बीच में अर्जी जरूर भेजते रहें। बंग-भंग के बाद लोगों ने देखा कि अरजी-प्रार्थना के पीछे कुछ बल होना चाहिए, लोगों में कष्ट सहन की क्षमता होनी चाहिए। नई भावना को ही बंग-भंग का मुख्य परिणाम समझना चाहिए। अखबारों में यह भावना स्पष्ट रूप से दिखाई दी। उनके लेख कड़े, ज़ोरदार होने लगे। जो बातें डरते हुए और लुक-छिपकर कही जाती थीं वे अब खुले-खजाने कही-लिखी जाने लगीं। स्वदेशी का आंदोलन शुरू हुआ। अंग्रेज को देखकर पहले छोटे-बड़े सभी डरकर भागते थे, यह डरना कांपना बंद हो गया, लोग अब लड़ाई-झगड़े, मार-पीट से नहीं डरते, जेल जाने को भी तैयार रहते हैं। भारत के अनेक लाल आज भी देश-निकाला भोग रहे हैं। ये बातें खाली-खूली अर्जी प्रार्थना से कुछ जुदी जाति की हैं। इस तरह

---

[1]यह बात १६०८ में लिखी गई थी। तीन बरस बाद यह भविष्यवाणी सत्य हुई। ब्रिटिश-सरकार को बंग-भंग रद्द कर देना पड़ा।—अनु०

लोगों में हलचल हो रही है। बंगाल की हवा उत्तर में पंजाब तक और दक्षिण में कन्याकुमारी तक पहुँच गई है।

पा०—इनके सिवा और भी कोई जानने योग्य फल आपको दिखाई देता है?

सं०—बंग-भंग से जिस तरह ब्रिटिश नौका में दरार पड़ गई है उसी तरह हम लोगों में भी पड़ी है। बड़ी घटनाओं के परिणाम भी बड़े हुआ करते हैं। हमारे नेताओं में दो दल हो गये हैं—'माडरेट' और 'एक्सट्रीमिस्ट'। अपनी भाषा में हम उन्हें 'नरम' और 'गरम' कह सकते हैं। कुछ लोग 'माडरेट' को डर पोक और 'एक्स्ट्रीमिस्ट' को बहादुर दल भी कहते हैं। सब अपने-अपने विचार के अनुसार इन शब्दों का अर्थ करते हैं। इतना तो पक्का है कि ये दोनों दल एक दूसरे के दुश्मन हो गये हैं। एक दूसरे का अविश्वास करता और उस पर चोटें किया करता है। सूरत की कांग्रेस के मौके पर तो एक तरह से मारपीट तक की नौबत पहुँच गई। मेरी समझ में तो यह दो-दली देश के लिए अच्छी चीज नहीं है। पर साथ ही मैं यह भी मानता हूँ कि दल बंदी बहुत दिन, रहेगी नहीं। कितने दिन रहेगी, यह हमारे नेताओं पर अवलंबित है।

3

अशांति और असंतोष

पा०—तो आप बंग-भंग को जन-जागरण का कारण मानते हैं। पर उससे पैदा हुई अशांति को अच्छा मानना चाहिए या बुरा?

सं०—आदमी नींद से जागने पर आलस से अंगड़ाइयाँ लेता है, इधर-उधर करता है और कुछ बेचैन-सा रहता है। नींद की खुमारी जाने और पूरा होश आने में कुछ देर लगती है। इसी तरह बंग-भंग से हम जाग तो गये, पर अभी हमारी खुमारी नहीं गई। हम अब भी अंगड़ाइयाँ ले रहे हैं, अब भी अशांति की दशा में हैं। पर जैसे नींद और जागरण के बीच की अवस्था आवश्यक और इस कारण ठीक समझी जानी चाहिए उसी तरह बंगाल और हिंदुस्तान भर में फैली हुई वर्तमान अशांति को भी इष्ट ही मानना चाहिए। हम जान रहे हैं कि अशांति है, इससे शांति का समय आना भी संभव है। नींद टूट जाने पर कोई जन्म भर अंगड़ाइयाँ ही नहीं लेता रहता; अपनी शक्ति के अनुसार, जल्दी या कुछ देर से, पूरी तरह जाग जाता ही है। इसी प्रकार इस अशांति से भी हमें छुटकारा जरूर मिलेगा। अशांति किसीको अच्छी नहीं लगती।

पा०—अशांति का दूसरा रूप क्या है?

सं०—अशांति वस्तुतः असंतोष है। आजकल इसे हम 'अनरेस्ट' (अशांति) कहते हैं, कांग्रेस के जमाने में इसे 'डिस्कंटेंट' (असंतोष) कहते थे। मि० हम हमेशा यही कहते थे कि हिंदुस्तान में असंतोष फैलाने

की जरूरत है। यह असंतोष बड़े काम की चीज है। जब तक आदमी अपनी मौजूदा हालत से संतुष्ट रहता है तबतक उसे उसमें से निकलने के लिए समझाना कठिन होता है। इसीलिए हरएक सुधार से पहले असंतोष होना ही चाहिए। अपने पास की चीज को फेंक देने को जी तभी चाहता है जब उससे अरुचि हो जाए। हमारे अंदर यह असंतोष भारतीय तथा अंग्रेज महापुरुषों की लिखी हुई किताबें पढ़कर पैदा हुआ है। असंतोष से अशांति हुई जिसकी आग में कितने ही मरे, कितने ही बेघरबार हुए, और कितनों को जेल और देश-निकाला मिला। अभी तो यही दशा रहेगी, रहनी चाहिए भी। ये सब शुभ लक्षण माने जा सकते हैं, पर इनका फल बुरा भी हो सकता है।

4

स्वराज्य क्या है?

पा०—कांग्रेस ने हिंदुस्तान को एक राष्ट्र बनाने के लिए क्या किया, बंग-भंग से जन-जागरण कैसे हुआ और असंतोष तथा अशांति कैसे फैली, यह तो मैंने जान लिया। अब स्वराज्य के बारे में आपके विचार क्या हैं यह जानना चाहता हूँ। मुझे डर है कि इस विषय में शायद हमारे विचार एक न होंगे।

सं०—ऐसा होना मुमकिन है। स्वराज्य के लिए तो हम आप सभी अधीर हो रहे हैं, पर वह है क्या चीज, इस बात पर अभी तक हमने ठीक तौर से विचार नहीं किया है। अंग्रेजों को निकाल बाहर करने की बात तो बहुतों के मुँह से सुनाई पड़ती है; पर ऐसा क्यों करना चाहिए, इस पर हमने ठीक तौर से विचार किया हो यह नहीं दिखाई देता। आपसे ही पूछता हूँ, जो-कुछ हम चाहते हैं अंग्रेज वह सब हमें दे दें, तब भी क्या आप उन्हें निकाल बाहर करने की जरूरत समझेंगे?

पा०—मैं तो उनसे एक ही बात कहूँगा—"मेहरबानी करके आप हमारे देश से तशरीफ ले जायें।" इस बात को वे मान लें और फिर भी कोई यह अर्थ का अनर्थ कर बैठे कि वे हिंदुस्तान से जाकर भी नहीं गये तो मुझे कोई आपत्ति न होगी। मैं मान लूँगा कि हमारी भाषा में 'गया' का अर्थ 'बना रहा' भी होता है।

सं०—अच्छा, थोड़ी देर के लिए मान लीजिए कि अंग्रेज हमारी बात मानकर चले गये। फिर आप क्या करेंगे?

पा०—इस सवाल का जवाब अभी से नहीं दिया जा सकता।

उनके जाने के बाद की स्थिति वे किस तरह जाते हैं, इस पर अवलंबित होगी। आप जैसा कहते हैं उस तरह मान लें कि वे चले गये तो मैं समझता हूँ कि हम लोग उनके बनाये विधान को बना रहने देंगे और राज्य का काम-काज चलाते रहेंगे। अगर वे यों ही चले गये तो उनकी फौज वगैरह तो रहेगी ही, इसलिए राज काज चलाने में हमें कोई अड़चन न पड़ेगी।

सं०–आप भले ही ऐसा समझते हों, मैं तो नहीं समझता। पर अभी मैं इस बहस में न पड़ूँगा। मुझे तो आपके सवाल का जवाब देना है, और यह मैं आपसे ही कुछ सवाल पूछकर अच्छी तरह कर सकूँगा। इसीलिए मैं आपसे ही कुछ प्रश्न करता हूँ। अच्छा बताइए, आप अंग्रेजों को क्यों निकालना चाहते हैं?

पा०–इसलिए कि उनके शासन से हमारा देश कंगाल होता जा रहा है। वे साल-ब-साल हमारे देश का धन ढ़ोये लिये जा रहे हैं। वे गोरे चमड़ेवालों को ही ऊँचे ओहदे देते हैं, हमें गुलाम की दशा में ही रखते हैं। हमारे साथ उद्धतपन से पेश आते हैं और हमारे भावों की तनिक भी परवा नहीं करते।

सं०–अगर वे हमारा धन ढ़ोना छोड़ दें, विनम्र बन जायें, हमें बड़े ओहदे दें, तब भी क्या आप उनके यहाँ रहने में हर्ज मानेंगे?

पा०–यह सवाल ही बेकार है। यह तो वैसा ही सवाल है कि बाघ अपना स्वभाव बदल दे तो उससे भाईचारा जोड़ने में क्या नुकसान है? ऐसा प्रश्न करना तो महज वक्त बरबाद करना है। बाघ अपना स्वभाव बदल दे तो अंग्रेज भी अपनी आदत छोड़ सकते हैं। और जो बात अनहोनी है उसके होने की आशा रखना मनुष्य की रीति नहीं है।

सं०–कनाडा और दक्षिण अफ्रीका के बोअरों को जैसा स्वराज्य मिला है वैसा ही हमें भी मिल जाये तो?

पा०-यह भी वैसा ही फालतू सवाल है। हमारे पास भी उनकी तरह गोला-बारूद हो तभी ऐसा हो सकता है। पर जब उन लोगों के बराबर

अधिकार मिल जायेगा तब तो हम अपना ही झंडा फहरायेंगे। जो स्थिति जापान की है वही हिंदुस्तान की होगी। हमारी अपनी सेना, अपना जंगी बेड़ा, अपनी शान-शौकत होगी, तभी भारत के गौरव का डंका सारी दुनिया में बजेगा।

सं०—आपने चित्र तो बढ़िया खींचा। इसके मानी तो यह हुए कि आपको अंग्रेजों का राज्य तो चाहिए, पर अंग्रेज नहीं चाहिए। आप बाघ का स्वभाव तो चाहते हैं, पर बाघ को नहीं चाहते। मतलब यह कि आप हिंदुस्तान को अंग्रेज, अंग्रेजी तौर तरीके, शक्ल-सूरतवाला बनाना चाहते हैं। पर तब तो वह हिंदुस्तान नहीं, इंगलिस्तान कहलायेगा। मैं ऐसा स्वराज्य नहीं चाहता।

पा०—मैंने तो आपको महज यह बतलाया है कि स्वराज्य का अर्थ मेरी समझ से क्या है। हमने जो शिक्षा पाई है उसमें कुछ काम की बात हो, मिल-स्पेंसर आदि महान् लेखकों के जो ग्रंथ हमने पढ़े हैं उनका कुछ मूल्य हो, अंग्रेजों की पार्लमेंट सचमुच 'पार्लमेंटों की माँ' हो, तो बेशक, मैं समझता हूँ, उनकी नकल हमें करनी चाहिए, और वह इस हद तक कि जैसे वे दूसरों को अपने देश में घुसने नहीं देते वैसे ही हम भी न घुसने दें। पर अपने देश में उन्होंने जो कुछ किया है वैसा तो अभी और किसी देश में हुआ दिखाई नहीं देता। इसलिए हमें तो वह करना ही होगा। पर अब आप अपने विचार बताइये।

सं०—अभी सब्र कीजिए। इस चर्चा में मेरे विचार अपने आप प्रकट हो जायेंगे। स्वराज्य का समझना आपको जितना सहज लगता है, मुझे उतना ही कठिन जान पड़ता है। इसलिए फिलहाल तो मैं आपको इतना ही समझाने की कोशिश करूँगा कि आप जिसे स्वराज्य कहते हैं वह सचमुच स्वराज्य नहीं है।

5

इंगलैंड की हालत

पा०—तब आपके कहने का मैं यह अर्थ लगाता हूँ कि इंगलैंड में जिस प्रकार का राज्य-प्रबंध है वह ठीक नहीं है और हमें वह नहीं चाहिए।

सं०—आपका अनुमान ठीक है। इंगलैंड की आज जो दशा है वह सचमुच दयनीय है और मैं तो ईश्वर से मनाता हूँ कि वैसी हालत हिंदुस्तान की कभी न हो। जिसे आप 'पार्लमेंटों की माँ' कहते हैं वह तो बांझ और वेश्या है। ये दोनों शब्द कठोर हैं, पर उसपर पूरी तरह चरितार्थ होते हैं। उसे बांझ मैं इसलिए कहता हूँ कि अबतक उसने एक भी अच्छा काम अपने-आप नहीं किया। उसकी स्वाभाविक रूप से ऐसी स्थिति है कि उसके ऊपर दबाव देनेवाला कोई न हो तो वह कुछ भी न करे। और वेश्या वह इसलिए है कि जो मंत्रिमंडल वह बनाती है उसके वश में रहती है। आज उसके धनी ऐस्क्विथ है तो कल बालफर और परसों कोई और।

पा०—यह तो कुछ व्यंग्य की-सी बोली है। उसका बांझ होना अभी आपने साबित नहीं किया। वह जनता के चुने हुए लोगों से बनी है, इसलिए उसके दाब में रहकर काम करती है। यही तो उसका गुण है, यही उसके ऊपर अंकुश है।

सं०–यह बात अति भ्रममति है। पार्लमेंट बांझ न हो तो यों होना चाहिए–लोग उसमें अच्छे-से-अच्छे मेंबर चुनकर भेजते हैं। मेंबरों को कोई दरमाहा नहीं मिलता, अतः उन्हें लोक कल्याण के लिए ही वहाँ जाना चाहिए। लोग यानी चुनने वाले अपने-आपको पढ़ा-लिखा समझते हैं, इसलिए हमें मान लेना चाहिए कि वे चुनाव में गलती न करते होंगे। ऐसी पार्लमेंट को अर्जी-प्रार्थना, ज़ोर-दबाव की जरूरत न होनी चाहिए। उसका काम इतना सरल होना चाहिए कि दिन-दिन उसका तेज बढ़ता दिखाई दे और लोगों पर उसका असर ज्यादा होता जाये। पर आज इतना तो सभी स्वीकार करते हैं कि पार्लमेंट के मेंबर ढोंगी और स्वार्थरत होते हैं। सभी को अपनी-अपनी पड़ी रहती है। पार्लमेंट कुछ करती है तो डरकर ही करती है। आज जो किया जाये उसे कल रद्द कर देना पड़ता है। उसने किसी काम को ठिकाने पहुँचाया हो, इसकी एक भी मिसाल अबतक देखने में नहीं आई। जिस वक्त बड़े-बड़े मसलों पर बहस हो रही हो उस समय उसके मेंबर लंबी तानते या बैठे-बैठे झपकियाँ लिया करते हैं। कभी-कभी वे इतना चीखते-चिल्लाते हैं कि सुननेवाले घबरा जाते हैं। उन्हीं के एक महान् लेखक कारलाइल ने पार्लमेंट को 'दुनिया का बकवासखाना' कहा है। जो जिस दल का सदस्य होता है वह आँख मूंदकर उसी को अपना वोट देता है, देने को मजबूर है। कोई इस नियम का अपवाद बन जाये तो समझ लीजिए कि उसकी मेंबरी के दिन पूरे हो गये। जितना समय और पैसा पार्लमेंट बरबाद करती है उतना समय और पैसा थोड़े-से भले आदमियों को सौंप दिया जाए तो राष्ट्र का उद्धार हो जाये। यह पार्लमेंट तो जनता का एक खिलौना मात्र है, उसके मन बहलाव की चीज है, जिसपर उसका बहुत पैसा खर्च हो जाता है। यह न समझिए कि ये विचार महज मेरे दिमाग की उपज हैं। बड़े-बड़े विचारवान् अंग्रेजों के भी यही विचार हैं। एक मेंबर ने तो हाल में यहाँ तक कह दिया है कि पार्लमेंट इस लायक नहीं रही कि कोई सच्चा ईसाई उसका सदस्य हो सके। एक दूसरे मेंबर का कहना है कि पार्लमेंट तो अभी 'दूधपीती बच्ची' ('बेबी') है। पर बच्चा सदा बच्चा ही बना रहे,

यह बात क्या आपने देखी है? सातसौ साल की हो जाने पर भी पार्लमेंट अगर 'बच्ची' ही बनी है तो सयानी कब होगी?

पा०–आपकी बातों ने तो मुझे चक्कर में डाल दिया। इन सारी बातों को मैं एकबारगी कबूल कर लूँ, यह तो आप कहेंगे ही नहीं। आप जो विचार मेरे मन में बैठा रहे हैं वे बिल्कुल ही निराले हैं। मुझे उनको पचाना होगा। अच्छा, अब आप 'वेश्या' शब्द की व्याख्या कीजिए।

सं०–आपका यह कहना बिल्कुल सही है कि आप मेरे विचारों को एकबारगी नहीं मान ले सकते। इस विषय पर आपको जो चीजें पढ़नी चाहिए उन्हें जब आप पढ़ लेंगे तब मेरी बातों को कुछ-कुछ समझ सकेंगे। पार्लमेंट को मैंने जो वेश्या कहा है वह भी ठीक ही है। उसका मालिक-मुख्तार कोई नहीं। उसका मालिक कोई एक आदमी तो हो ही नहीं सकता। पर मेरे कहने का तात्पर्य इतना ही नहीं है। उसका धनी जब कोई बनता है, जैसे कि प्रधान मंत्री, तब भी उसकी चाल एक-सी नहीं रहती। जो दुर्गति वेश्या की होती है वही सदा उसकी होती रहती है। प्रधान मंत्री को पार्लमेंट की चिंता अधिक नहीं होती। वह तो अपनी शक्ति के मद में चूर रहता है। उसका पक्ष कैसे जीते इसी की चिंता उसे रहती है। पार्लमेंट ठीक काम कैसे करे, इसकी फिक्र उसे ज्यादा नहीं होती। अपने पक्ष का बल बढ़ाने के लिए वह पार्लमेंट से कैसे-कैसे काम कराता रहता है, इसके उदाहरण जितने भी चाहिए मिल सकते हैं। ये सारी बातें विचारने योग्य हैं।

पा०–तब तो जिन्हें हम अबतक देशभक्त और सच्चे मानते आये हैं उनपर भी आप हमला कर रहे हैं।

सं०–हाँ, यह ठीक है। प्रधान मंत्रियों से मेरी कोई दुश्मनी नहीं। पर अनुभव ने मुझे बताया है कि वे सच्चे देशभक्त नहीं कहे जा सकते। जिसे आम तौर से घूस कहते हैं उसे वे नहीं लेते देते। इसलिए आप भले ही उन्हें ईमानदार कह लें, पर सिफारिश, ज़ोर-जरिये की पहुँच उन तक हो सकती है। दूसरों से काम लेने के लिए उपाधियाँ आदि की घूस वे खूब

देते हैं। उनमें शुद्ध भाव और सच्ची ईमानदारी का अभाव है, यह बात मैं निस्संकोच कह सकता हूँ।

पा०—जब पार्लमेंट के बारे में आपके ऐसे विचार हैं तब जिस अंग्रेज जनता के नाम पर वह राज्य करती है उसके बारे में भी कुछ कहिए, जिससे अंग्रेजों के स्वराज्य का पूरा नक्शा मेरे ध्यान में या जाये।

सं०—जो अंग्रेज चुनाव में मत देने के अधिकारी-वोटर हैं उनकी बाइबिल अखबार हो रहे हैं। अखबारों के ही सहारे वे अपनी राय कायम करते हैं। अखबार ईमानदार नहीं हैं। एक ही बात को वे दो रूप देते हैं। एक पक्षवाला जिस बात को पर्वत बनाकर दिखाता है दूसरे पक्षवाला उसी को राई बना देता है। एक अखबार एक नेता को सच्चाई का अवतार कहेगा तो दूसरा उसे बेईमानों का सरदार बतायेगा। ऐसे अखबार जिस देश में हों वहाँ के लोगों की अब दशा क्या होनी चाहिए?

पा०—यह तो आप ही बताएँ।

सं०—ये लोग क्षण-क्षण में अपने विचार बदला करते हैं। यह तो उन लोगों में कहावत ही है कि आदमी हर सात साल पर चोला बदलता है। घड़ी की लटकन की तरह वे लोग इधर-से-उधर झूला करते हैं। ठीक ठिकाने से बैठ ही नहीं सकते। कोई टीमटामवाला आदमी लंबी-चौड़ी बात बना दे, या उनकी दावत-तवाजा कर दे, तो भाट की तरह उसकी बिरदावली गाने लगेंगे। ऐसे लोगों की पार्लमेंट भी वैसी ही होनी चाहिए। हाँ उनमें एक खूबी जरूर है, वह यह कि अपने देश को कभी दूसरे का न होने देंगे। जो कोई उसपर नज़र गड़ाये उसकी आँखें ही फोड़ देंगे। पर इससे यह नहीं कह सकते कि वह राष्ट्र सर्वगुण निधान या अनुकरणीय हो गया है। मेरी तो यह पक्की राय है कि हिंदुस्तान ने अगर उसकी नकल को तो वह नष्ट हो जायेगा।

पा०—अंग्रेज जाति की इस गिरावट का कारण आप क्या मानते हैं?

सं०—इसमें अंग्रेजों का कोई खास दोष नहीं है। दोष है उनकी–बल्कि सारे यूरोप की–आजकल की सभ्यता का। यह सभ्यता वस्तुत: असभ्यता है और इसके कारण यूरोप के राष्ट्र दिन-दिन गिरते और नष्ट होते जा रहे हैं।

6

सभ्यता

पा०–अब तो आपको सभ्यता का अर्थ बताना होगा। आपके विचार से तो जिसे हम सभ्यता कहते हैं वह असभ्यता हुई।

सं०–मेरे ही नहीं, अनेक अंग्रेज लेखकों के विचार से भी यह सभ्यता असभ्यता है। इस विषय पर बहुत-सी पुस्तकें लिखी गई हैं। इस सभ्यता के रोग से राष्ट्र को बचाने के लिए संस्थाएँ भी स्थापित हो रही हैं। एक बड़े अंग्रेज लेखक ने तो 'सभ्यता', उसका कारण और इलाज (सिविलाजेशन, इट्स काज ऐण्ड क्योर) नाम की पुस्तक लिखी है, जिसमें सभ्यता को एक प्रकार का रोग बताया है।

पा०–इन बातों को हम जान क्यों नहीं पाते?

सं०–इसका कारण तो स्पष्ट है। अपने ही विरुद्ध बोलने वाले बिरले ही होते हैं। आधुनिक सभ्यता की मोहनी से मोहित जन उसके खिलाफ क्यों लिखने लगे? वे तो ऐसी ही बातें और दलीलें देंगे जिससे उनका समर्थन हो। वे जान-बूझकर ऐसा करते हों, सो बात भी नहीं है। वे जो लिखते हैं उसे मानते भी हैं। सोता हुआ आदमी अपने सपने को ठीक ही मानता है। अपनी भूल का पता उसे तभी चलता है जब उसकी नींद टूट जाती है। यही हाल सभ्यता के फंदे में फँसे हुए आदमी का होता है, हम जो कुछ पढ़ते हैं वह सभी आधुनिक सभ्यता के हिमायतियों का लिखा हुआ होता है। उनमें अनेक बड़े बुद्धिमान और बहुत भले आदमी हैं।

उनके तर्क का तेज हमारी आँखों में चकाचौंध पैदा करता है। यों एक के बाद दूसरा उस फंदे में फँसता जाता है।

पा०—आपकी यह बात तो ठीक मालूम होती है। अब इस सभ्यता के बारे में आपने जो कुछ पढ़ा और सोचा है उसका कुछ प्रसाद हमें भी देने की कृपा करें।

सं०—पहले तो इसपर विचार कीजिए कि सभ्यता किस तरह की स्थिति को कहते हैं। इस सभ्यता की पक्की पहचान तो यह है कि उसकी गोद में पले हुए लोग बाहर की खोज और शरीर के सुख को ही जीवन की सार्थकता और परम पुरषार्थ मानते हैं। इसकी कुछ मिसालें लीजिए। सौ साल पहले यूरोप के लोग जैसे घरों में रहते थे अब उनसे बहुत अच्छे घरों में रहते हैं। यह सभ्यता की निशानी समझी जाती है और इसमें शरीर-सुख की दृष्टि भी है। पहले वे लोग जानवरों की खाल ओढ़ते थे और भाला-बरछा उनके हथियार थे। अब वे लंबे-चौड़े पाजामें पहनते और शरीर की सजावट के लिए भाँति-भाँति के कपड़े बनाते हैं। भाले-बरछे के बदले लगातार ४-६ फैर करनेवाले पिस्तौल काम में लाते हैं। यह सभ्यता का लक्षण है। किसी देश के लोग जो पहले कोट-बूट न पहनते रहे हों यूरोपीय पहनावा पहनने लगें तो यह समझा जाता है कि जंगलीपन से निकलकर सभ्यता की स्थिति में पहुँच गये। यूरोप के लोग पहले साधारण हल से अपनी जरूरत भर की जमीन जोत-बो लेते थे। अब भाप की कल से हल चलाकर एक आदमी हजारों बीघा जमीन जोत सकता और बहुत पैसा बटोर सकता है। यह सभ्यता का चिह्न माना जाता है। पहले जमाने में इने-गिने लोग ही एक-दो किताबें लिखते थे और वे अमूल्य होती थीं। आज जिसके जी में जो आये लिखता, छपाता और लोगों को बहकाता है। यह भी सभ्यता की निशानी है। पहले लोग बैल-गाड़ियों पर दिनभर में १२ कोस का रास्ता तै कर पाते थे। अब रेल गाड़ियों पर चार-चार सौ कोस की मंजिल मारते हैं। यह तो सभ्यता की चोटी पर पहुँच जाना समझा जाता है। अब तो यह माना जाने लगा है कि

सभ्यता ज्यों-ज्यों आगे बढ़ेगी, लोग हवाई जहाज से सफर करेंगे और दो-चार घड़ी में ही दुनिया के जिस हिस्से में चाहें पहुँच जायेंगे। आदमियों को हाथ-पाँव नहीं हिलाना होगा। एक बटन दबाया और पहनने के कपड़े सामने आ गये। दूसरा बटन दबाते ही ताजा अखबार मेज पर धरा होगा। तीसरे बटन पर उँगली रखी कि मोटर दरवाजे के सामने खड़ी होगी। नित्य नये-नये प्रकार के स्वादिष्ट भोजन मिलेंगे। खुलासा यह कि हाथ-पाँव का काम ही न पड़ेगा, कल के बल से छोटे-बड़े सारे काम हो जायेंगे। पहले जब लोग लड़ते थे तो गुत्थम-गुत्था होती थी। आज पहाड़ की आड़ से तोप दागकर एक आदमी हजारों की जान ले सकता है। यह भी सभ्यता का सबूत है। पहले लोग खुली हवा में जबतक और जितना जी चाहे काम करते थे। अब हजारों आदमियों को इकट्ठे-होकर जीवका के लिए कारखानों या खानों में काम करना पड़ता है। उनकी दशा पशुओं से भी गई बीती है। उन्हें काँच आदि के कारखानों में जान की जोखिम लेकर पिसना पड़ता है और उससे जेबें भरती हैं करोड़पतियों की। पहले लोगों को मार-पीटकर गुलाम बनाते थे। अब उन्हें पैसे और पैसे से मिलनेवाले सुख-भोग का लालच देकर गुलाम बनाते हैं। आज कल ऐसे-ऐसे रोग फैल रहे हैं जिनका पहले किसी ने नाम भी न सुना होगा और डॉक्टरों की पूरी पलटन उनका इलाज ढूढ़ने में लग रही है। इससे अस्पताल भी बढ़े हैं और यह सभ्यता का चिह्न समझा जाता है। पहले कोई चिट्ठी लिखता तो उसके लिए खास आदमी भेजना होता और इसमें बहुत खर्च पड़ता था। आज मुझे किसी को गालियाँ देनी हों तो एक पैसे का कार्ड खर्चकर दे सकता हूँ। किसी को धन्यवाद देना हो तो वह भी इतने ही खर्च का काम है। यह भी हमारे सभ्य होने का सबूत है। पहले लोग दिन में दो या तीन-बार हाथ की पकाई रोटी और थोड़ी साग-भाजी खाकर रहते थे। अब तो हर दो घंटे पर खाना मिलना चाहिए और खाना इतना बड़ा काम हो गया है कि लोगों को और कामों के लिए फुरसत ही नहीं मिलती।

कहाँ तक गिनाऊँ। ये सारी बातें आपको प्रामाणिक मानी जानेवाली पुस्तकों में मिल सकती हैं। ये सभी बातें सभ्यता की पक्की पहचान हैं। कोई आदमी इनके विरुद्ध कुछ कहे तो उसे निपट अनाड़ी मानिए। सभ्यता तो वे ही बातें मानी जायेंगी जो मैंने गिनाई हैं। इस सभ्यता को न धर्म से काम है, न नीति से। उसके हिमायती साफ कहते हैं कि धर्म सिखाना हमारा काम नहीं। बहुतेरे तो धर्म को महज एक ढकोसला मानते हैं। कितने ही धर्म का ढोंग रचते और नीति पर लेकचर भी झाड़ते हैं। पर बीस बरस के बल पर मैं कह सकता हूँ कि नीति के नाम पर लोगों को अनीति ही सिखाई जाती है। एक बच्चा भी समझ सकता है कि ऊपर जो बातें बताई गई हैं उनमें नीति के लिए स्थान हो ही नहीं सकता। शरीर को सुख कैसे मिले, सभ्यता तो बस इसी की खोज करती, इसी के साधन जुटाने में श्रम करती है। पर यह सुख भी उसके हाथ नहीं लगता।

यह सभ्यता अधर्म है। पर यूरोप पर वह ऐसा छा रही है कि वहाँ के लोग इसके पीछे पागल से हो रहे हैं। उनमें सच्चा शारीरिक बल नहीं है। वे तो अपनी शक्ति को नशे पर टिकाये रखते हैं। अकेले में उनसे रहा ही नहीं जाता। स्त्रियों को, जिन्हें घर की रानी बनकर रहना चाहिए, गली-गली भटकना या कारखानों में कड़ी मेहनत करनी पड़ती है। अकेले इंगलैंड में ही ४० लाख स्त्रियों को पेट पालने के लिए खानों-कारखानों में बैल की तरह पिसना पड़ रहा है। स्त्रियों को वोट का हक मिलने का आंदोलन जो वहाँ दिन-दिन बढ़ रहा है उसका एक कारण यह भी है।

यह सभ्यता ऐसी है कि अगर हम धीरज रखें तो इसकी लपेट में आये हुए लोग अपने हाथों सुलगाई हुई आग में आप ही जल मरेंगे। हजरत मुहम्मद की सीख के अनुसार तो यह सभ्यता शैतान का राज्य मानी जायेगी। हिंदूधर्म इसे घोर कलयुग कहता है। इस सभ्यता की हूबहू तस्वीर आपके सामने रख सकना मेरे बस के बाहर की बात है। पर आप इतना जान लें कि इस सभ्यता ने ब्रिटिश राष्ट्र को घुन लगा दिया है। यह सभ्यता नाश करनेवाली और नाश होनेवाली है। इससे बचे रहने में ही

हमारी भलाई है। इसीकी बदौलत ब्रिटिश पार्लमेंट और दूसरे देशों की पार्लमेंट भी निकम्मी हो गई हैं। निश्चय ही वे राष्ट्र की गुलामी की निशानी हैं। आप इस विषय पर पढ़ें और सोचें तो आपको भी यही दिखाई देगा। इसके लिए आपको अंग्रेजों को दोष नहीं देना चाहिए। उनपर तो हमें तरस खाना चाहिए। वे समझदार आदमी हैं, इसलिए मैं तो मानता है कि वे इस माया-जाल में से निकल पायेंगे। वे साहसी और परिश्रमी हैं। उनके विचार मूलतः अनीतिमय नहीं हैं। इसलिए उनके विषय में मेरे मन में आदर का ही भाव है। उनकी हड्डी में खराबी नहीं है। सभ्यता उनका असाध्य रोग नहीं है, पर फिलहाल वे इस मर्ज में मुब्तिला हैं, यह बात हमें भूलनी न चाहिए।

7

हिंदुस्तान कैसे गया?

पा०—सभ्यता के बारे में तो आप इतना कह गये कि मैं विचार-सागर में डूबने-उतराने लगा हूँ। अब मैं इस उलझन में पड़ गया हूँ कि यूरोपवालों से हमें क्या लेना है और क्या नहीं लेना है। एक जिज्ञासा तो मेरे मन में तुरंत ही जग रही है, यह सभ्यता अगर असभ्यता है, रोग है, तो ऐसी सभ्यता के फँदे में फँसे रहकर भी अंग्रेजों ने हिंदुस्तान को कैसे ले लिया और कैसे यहाँ बने हुए हैं?

सं०—आपके सवाल का जवाब देना अब कुछ आसान हो गया है और थोड़ी देर में हम स्वराज्य के स्वरूप पर भी विचार कर सकेंगे। आपके इस सवाल का जवाब मुझे अभी देना है, इस बात को मैं भूल नहीं गया हूँ। पर पहले आपके पिछले प्रश्न को ही लें। हिंदुस्तान को अंग्रेजों ने हमसे लिया नहीं, हमने खुद उन्हें सौंप दिया। हिंदुस्तान में वे अपने बल से नहीं टिके हैं, हमने ही उन्हें टिका रखा है। कैसे, सो सुनिए। इस बात को याद कीजिए कि अंग्रेज हमारे देश में वस्तुतः व्यापारी के रूप में आये थे। अपनी (ईस्ट इण्डिया) कंपनी बहादुर को याद कीजिए। उसे 'बहादुर' किसने बनाया? उस बेचारी का तो उस वक्त हमारे देश पर राज करने का इरादा तक न था। कंपनी के कर्मचारियों की किसने मदद की? उनकी चाँदी देखकर किसकी राल टपकती थी? उनका माल कौन बिकवाता था? इतिहास इसकी गवाही देता है कि यह सब हमीं ने किया। झटपट मालदार बन जाने के लोभ से हमने उनका स्वागत किया। हम ही

उनकी मदद करते थे। मुझे भांग छानने की आदत हो और कोई भांग बेचनेवाला मेरे हाथ उसे बेचे तो मुझे किसे दोष देना चाहिए बेचने वाले को या अपने-आपको? बेचने वाले को दोष देने से क्या मेरा व्यसन छूट जायेगा? एक बेचनेवाले को निकाल दिया तो क्या दूसरा बेचने वाले को निकाल दिया तो क्या, दूसरा मेरे हाथ भांग न बेचेगा? भारत के सच्चे सेवक को तो रोग की जड़ पर पहुँचना होगा। ठूंस-ठूंसकर खा लेने से मुझे अपच हो जाये तो पानी का दोष निकालने से वह दूर नहीं होगा। सच्चा वैद्य तो वह है जो रोग की जड़ को पकड़े। आपको भारत के रोग का चिकित्सक बनना है तो रोग की जड़ पर पहुँचना ही होगा।

पा०—आपका कहना सही है। मुझे समझाने के लिए अब आपको दलीलें देने की जरूरत नहीं है। आपके विचार जानने के लिए मैं अधीर हूँ। इस समय तो बड़ा दिलचस्प विषय चल रहा है। अतः आप कहते चलें, मुझे कहीं शंका होगी तो पूछ लूँगा।

सं०—बहुत खूब। पर मुझे डर है कि आगे बढ़ने पर हममें मतभेद अवश्य होगा। फिर भी जब आप टोकेंगे तभी दलीलें दूँगा। यह तो हमने देख ही लिया कि हमारे ही बढ़ावा देने से अंग्रेज व्यापारी यहाँ अपने पाँव पसार सके। इसी तरह हमारे राजा-नवाब जब आपस में लड़े तो उन्होंने 'कंपनी बहादुर' से मदद ली। 'कंपनी बहादुर' व्यापार और युद्ध दोनों कलाओं में कुशल थी। अपना व्यापार बढ़ाना और पैसा कमाना यही उसका उद्देश्य था। इसमें हमने उसकी मदद की तो उसने उसे खुशी से कबूल किया और अपनी कोठियाँ बढ़ा लीं। कोठियों की हिफाजत के लिए उसने फौज रखी। इस फौज से हमने भी काम लिया। अतः अब उन बातों के लिए अंग्रेजों को कोसने में कोई अर्थ नहीं। उस वक्त हिंदू-मुसलमान के बीच बैर भी था। कंपनी ने इसका फायदा उठाया। यों हिंदुस्तान के कंपनी के हाथ में जाने में हर तरह मदद की। इसलिए, 'हिंदुस्तान हमारे हाथ से चला गया' कहने के बजाए यह कहना ज्यादा सही है कि खुद हम ही ने उसे अंग्रेजों के हाथ सौंप दिया।

पा०–अच्छा अब यह बतलाइए कि अंग्रेज हिंदुस्तान को किस तरह अपने कब्जे में रखे हुए हैं?

सं०–जैसे हमने हिंदुस्तान को उनके हवाले किया वैसे ही उसपर उनका राज्य बना रखनेवाले भी हम ही हैं। कुछ अंग्रेज कहते हैं कि हिंदुस्तान को हमने तलवार के ज़ोर से लिया और आज भी तलवार के बल से ही उसे अपने कब्जे में रखे हुए हैं। ये दोनों बातें गलत हैं। हिंदुस्तान पर कब्जा रखने में तलवार का कोई काम ही नहीं पड़ता। हम खुद ही उन्हें यहाँ टिकाये हुए हैं।

नेपोलियन ने अंग्रेजों को बनिया कहा था जो सोलह आने सही है। यह बात जान लेने की है कि जिस-जिस देश पर वे राज कर रहे हैं उसे व्यापार के लिए ही अपने हाथ में रखते हैं। उनकी फौज और जंगी बेड़ा केवल व्यापार की रक्षा के लिए हैं। ट्रांसवाल में जब व्यापार का सुभीता नहीं था तब मि० ग्लैडस्टन को झट यह बात सूझ गई कि ट्रांसवाल को अपने कब्जे में रखना अंग्रेजों के लिए वाजिब नहीं। पर जब वहाँ उसका प्रसार होता दिखाई दिया तो अंग्रेजों ने उसके साथ युद्ध ठान दिया और मि० चेंबरलेन ने यह बात ढूंढ़ निकाली कि ट्रांसवाल में अंग्रेजों को अधिराज-पद प्राप्त है। कहते हैं, स्व० राष्ट्रपति क्रूगर से किसी ने पूछा कि 'चंद्रलोक में सोना है या नहीं?' तो उन्होंने जवाब दिया कि "वहाँ सोना होना संभव नहीं, होता तो अबतक अंग्रेजों ने उसे अपने राज्य में मिला लिया होता।" अंग्रेजों का परमेश्वर पैसा है, इस बात को हम याद रखें तो सारी बात समझ में आ जायेगी।

यों अपनी गरज से ही हम अंग्रेजों को हिंदुस्तान में टिकाये हुए हैं। उनकी तिजारत पसंद आती है। वे अपने छल-छद्म से हमें रिझाते और हमसे मनचाहा काम करा लेते हैं। इसके लिए उन्हें दोष देना उनके राज्य की जड़ और गहरी कर देना है। आपस में लड़-झगड़कर भी हम उनका बल और बढ़ा रहे हैं।

ऊपर जो बातें कही गई हैं उन्हें ठीक मानें तो यह सिद्ध हो गया कि अंग्रेज यहाँ व्यापार के लिए ही रहते हैं और उन्हें टिकाये रहने में हमीं मददगार हैं। उनके हरबे-हथियार तो यहाँ के लिए बिल्कुल बेकार हैं।

इस सिलसिले में आपको यह याद दिला देना चाहता हूँ कि जापान में भी आज ब्रिटेन की ही पताका फहरा रही है। जापान के साथ अंग्रेजों ने जो संधि की है वह व्यापार के लिए ही की गई है और आप देखेंगे कि जापान में वे अपना व्यापार कैसा फैलाते-चमकाते हैं। अंग्रेज चाहते हैं कि सारी दुनिया को अपने माल का बाजार बना दें। बेशक वे ऐसा कर नहीं सकते, पर यह उनका दोष नहीं माना जा सकता। अपनी कोशिश में वे कसर रखनेवाले नहीं।

४

हिंदुस्तान की हालत–१

पा०–हिंदुस्तान अंग्रेजों के हाथ में क्यों है, यह बात तो समझ में आ गई। अब हिंदुस्तान की हालत के बारे में आपके विचार जानना चाहता हूँ।

सं०–हिंदुस्तान की आज बड़ी दीन-दशा है। उसको सोचकर मेरी आँखें भर आती हैं और कहते गला सूखता है। मैं उसे पूरे तौर से आपके सामने रख सकूँगा, इसमें मुझे शक है। यह तो मेरी पक्की राय है कि हिंदुस्तान अंग्रेजों के नहीं बल्कि आज-कल की सभ्यता के बोझ से पिस रहा है। इस पूतना की पकड़ में वह आ गया है। इससे बचने का उपाय है अवश्य, पर दिन-दिन वह अधिक कठिन होता जा रहा है। मुझे तो धर्म प्यारा है, इसलिए पहला दुःख मुझे यही है कि हिंदुस्तान धर्म-भ्रष्ट होता जा रहा है। यहाँ धर्म से मेरा मतलब हिंदू, मुसलमान या पारसी धर्म से नहीं है बल्कि उस धर्म से है जो इन सभी धर्मों का मूल तत्व है। वह लुप्त हो रहा है, हम ईश्वर से विमुख होते जा रहे हैं।

पा०–सो कैसे?

सं०–हम हिंदुस्तानियों पर यह दोष लगाया जाता है कि हम आलसी हैं और गोरे परिश्रमी और उत्साही हैं। इस आरोप को हमने सत्य मान लिया है और इसीलिए अपनी दशा बदलना चाहते हैं। हिंदू, मुसलमान, पारसी, ईसाई सभी धर्म यह सिखाते हैं कि हम सांसारिक वस्तुओं की

ओर उदासीन और धार्मिक बातों में उत्साहयुक्त रहे हैं, अपने लौकिक लोभ की हद बाँध दें और धार्मिक लोभ सीमा रहित हो। हमारा उत्साह-प्रयत्न इसी दिशा में होना चाहिए।

पा०—यह तो पाप-पाखण्डी बनने की सीख दे रहे हैं। ऐसे ही ढोंग रचकर तो धूर्तों ने दुनिया को ठगा है और आज भी ठग रहे हैं।

सं०—आप धर्म पर मिथ्या आरोप कर रहे हैं। पाखण्ड तो सभी धर्मों में है। जहाँ धूप है वहाँ छाया होती ही है। छाया वस्तु मात्र की होती है। आप देखेंगे कि दुनिया की बातों में ठगने वाले से धर्म में धूर्तता करनेवाला अच्छा है। सभ्यता में जो पाखण्ड मैंने आपको बतलाया है वह धर्म में मुझे हर्गिज नहीं दिखाई देता।

पा०—यह आप कैसे कह सकते हैं? धर्म के नाम पर हिंदू मुसलमान आपस में लड़े, धर्म के नाम पर ईसाइयों में महायुद्ध हुए, धर्म के नाम पर हजारों निरपराध जन तलवार के घाट उतारे गये, जीते-जी जला दिये गये, उनपर बड़े-बड़े जुल्म ढ़ाये गये। यह सब तो सभ्यता से खराब ही माना जायेगा।

सं०—मेरा तो कहना है कि सभ्यता के कष्टों की बनिस्बत इस सबको सह लेना कहीं आसान है। आपने जिन अत्याचारों की बात कही है, सभी जानते हैं कि, वे पाखण्ड हैं; धर्म से उनका कोई लगाव नहीं। इसलिए उस पाखण्ड में फँसे हुए मनुष्यों की मृत्यु के साथ ही उस पाखण्ड की समाप्ति हो जाती है। यों तो जहाँ भोले, अज्ञान लोग होंगे वहाँ ऐसा होता ही रहेगा। पर उसका असर सदा के लिए बुरा नहीं रहता। सभ्यता की आग में जल मरने वालों की बिपत का तो अंत ही नहीं होता। मजा तो यह है कि लोग उस आग को हितकर समझकर उसमें कूदते हैं। वे न दीन के रहते हैं न दुनिया के। असलीयत को वे बिल्कुल ही भूल जाते हैं। सभ्यता तो चूहे की तरह हमें कुतर-कुतरकर खाती है और हमें गुदगुदी का सुख मिलता है। इसके असर का पता जब हमें लगेगा तो पिछले जमाने का अंधविश्वास उसकी तुलना में अच्छा जान पड़ेगा। मैं

यह नहीं कहता कि ये अंधविश्वास या वहम हमें बनाये रखने चाहिए। उनसे तो हमें भिड़ना ही होगा, पर यह लड़ाई धर्म को भूलकर नहीं लड़ी जा सकती, बल्कि सच्चे अर्थ में धर्म का संपादन करके ही लड़ी जा सकती है।

पा०–तब तो आप यह भी कहेंगे कि अंग्रेजों ने हिंदुस्तान को जो शांति का सुख दिया है वह निरर्थक है?

सं०–आप शांति का सुख भले ही देखते हों, मुझे तो वह नहीं दिखाई देता।

पा०–तब ठग, पिंडारी, भील आदि देश में जो आतंक फैला रहे थे आपके विचार से उससे कुछ अधिक हानि न थी!

सं०–आप जरा सोचकर देखें तो मालूम होगा कि उनका आतंक कोई बड़ी चीज नहीं था। वह सचमुच वैसा होता तो अंग्रेजों के पधारने के बहुत पहले ही हमारा सफाया हो गया होता। फिर आज की शांति भी तो नाम की ही शांति है। मेरा कहना है कि इस शांति से हम नामर्द, कायर और बुजदिल बन गये हैं। यह नहीं मान लिया जा सकता कि भीलों और पिंडारियों का स्वभाव अंग्रेजों ने बदल दिया। इस तरह के कष्ट हमें मिलें तो उन्हें सह लेना ही अच्छा है। पर कोई दूसरा आकर हमें उससे बचाये, यह हमारे लिए बड़ी हीनता की बात है। यों नामर्द बनने से मैं तो भीलों के तीर खाकर मर जाना ज्यादा पसंद करूँगा। उस स्थितिवाले हिंदुस्तान का दम-खम कुछ और ही था। मैकाले ने हिंदुस्तानियों को कायर बताकर अपने घोर अज्ञानता का परिचय दिया है। हिंदुस्तानी कभी कायर थे ही नहीं। जिस देश में पहाड़ी लोग बसते हों, जहाँ बाघ-भेड़िये रहते हों, उस देश के रहनेवाले सचमुच डरपोक हों तो चंद रोज में ही नाम शेष हो जाये। आप कभी खेतों पर गये हैं? मैं आपको यकीन दिलाता है कि हमारे किसान अपने खेतों में निर्भय होकर सोते हैं, जबकि अंग्रेज और हम–आप वहाँ सोने की हिम्मत न करेंगे। थोड़ा-सा भी सोचने से आप

समझ सकते हैं कि बल निर्भयता में है, शरीर पर माँस के अधिक लोथड़े लद जाने में नहीं है।

फिर आप लोगों को, जो स्वराज्य चाहते हैं, मैं इस बात की याद दिला देना चाहता हूँ कि भील, पिंडारी आसामी और ठग हमारे ही देशभाई हैं। उन्हें जीतना आपका और हमारा काम है। अपने ही भाई से जबतक आप डरते रहेंगे तबतक आप अपनी मंजिल पर पहुँचने के नहीं।

९

हिंदुस्तान की हालत–२

रेल

पा०–हिंदुस्तान की शांति का मुझे जो मोह था वह तो आपने ले लिया। अब आपने मेरे पास क्या रहने दिया, यह मुझे याद नहीं आता।

सं०–अभी तो मैंने केवल धर्म की दशा पर अपने विचार आपको बताये हैं। पर हिंदुस्तान क्यों कंगाल है, इस विषय में अपने विचार जब आपके सामने रखूँगा तब तो शायद आपको मुझसे ही नफरत होने लगेगी, क्योंकि आज तक हम-आप जिस चीज को हिंदुस्तान के लिए हितकर मानते आये हैं, मुझे वह हानि कर जान पड़ती है।

पा०–आखिर वह है क्या?

सं०–हिंदुस्तान को रेलों, वकीलों और डॉक्टरों ने कंगाल बनाया है, और उसकी दशा ऐसी हो गई है कि अगर हम वक्त से न चेत गये तो चारों ओर से विपद् में घिर जायेंगे।

पा०–अब मुझे अवश्य इसका डर लग रहा है कि मेरा आपका मेल शायद न बैठेगा। आप तो उन सभी चीजों पर चोट करने लगे जो अबतक अच्छी मानी जाती थी। अब बाकी ही क्या रहा?

सं०–आपको थोड़ा सब्र से काम लेना होगा। सभ्यता का असभ्य रूप आपको जरा मुश्किल से ही समझ में आयेगा। वैद्य हकीम कहते हैं, क्षय

का रोगी मृत्यु के क्षण तक जीने की आशा रखता है। इस रोग का घातक प्रभाव ऊपर से नहीं दिखाई देता बल्कि रोगी के चेहरे पर झूठी सुर्खी आ जाती है, जिससे वह अपने-आपको भला-चंगा समझता है और अंत में जिंदगी से हाथ धोता है। यही हाल सभ्यता का है। वह अदृश्य रोग है, उससे होशियार रहिए।

पा०—अच्छा, अब रेलवे-पुराण सुनाइए।

सं०—इतना तो आप समझ ही सकते हैं कि रेलें न हों तो हिंदुस्तान पर अंग्रेजों का जितना काबू आज है उतना न रहेगा। रेलों ने ही यहाँ प्लेग की महामारी फैलाई। रेलें न हों तो लोगों का एक से दूसरी जगह जाना बहुत कम हो जाये और छूतवाली बीमारियाँ सारे देश में न फैलें। हम पहले स्वाभाविक रूप में 'सेग्रिगेशन' (सूतक) मनाते थे। रेलों से अकाल का पड़ना बढ़ा है, क्योंकि रेल का सुभीता पाकर लोग अपना अनाज बेच डालते हैं। जहाँ महँगी अधिक हो वहाँ अनाज खिंच जाता है। लोग लापरवाह हो जाते हैं और इससे अकाल का दुःख बढ़ता है। रेलों से दुष्टता भी बढ़ रही है, बुरे आदमी अपनी बुराई अब ज्यादा तेजी से फैला सकते हैं। हिंदुस्तान के पवित्र स्थान अपवित्र हो गये हैं। पहले लोग बड़े कष्ट-कठिनाइयाँ उठाकर वहाँ पहुँच पाते थे, इसलिए सच्चे भक्ति-भाववाले ही भगवद्-भजन के लिए वहाँ जाते थे। अब तो ठगों की टोली अपनी ठग-विद्या दिखाने के लिए ही वहाँ जाती है।

पा०—यह तो आपने एकतरफा बात कही। बुरे आदमी वहाँ जा सकते हैं तो भले आदमी भी तो जा सकते हैं। वे लोग रेलों का पूरा लाभ क्यों नहीं लेते?

सं०—भलाई तो चींटी की चाल से चलती है, इसलिए रेलों से उसका साथ नहीं निभ सकता। भलाई करनेवाले स्वार्थी नहीं होते। वे जल्दबाजी नहीं करते। वे जानते हैं कि आदमी पर आदमी का छाप पड़ने के लिए एक जमाना चाहिए। लेकिन बुराई के तो पर होते हैं। घर को बनाना मुश्किल है, गिराना बहुत आसान है। इसलिए रेलें बुराई ही फैलायेंगी, इसे

पक्का समझिए। रेलों से अकाल फैलता है या नहीं, इस विषय में तो कोई अर्थ शास्त्री छनभर के लिए हमारे मन में शंका उत्पन्न कर सकता है, पर उनसे बुराई बढ़ती है यह बात तो मेरे मन में पत्थर पर की लकीर बन गई हैं जो कभी मिटने की नहीं।

पा०–रेलों से जो सबसे बड़ा लाभ है वह दूसरी सब हानियों को ढक देता है। आज हिंदुस्तान में हम जो एक राष्ट्र की भावना जगी देख रहे हैं वह तो रेलों की ही बदौलत है। इसलिए मैं तो कहता हूँ कि रेलों का आना हमारे लिए अच्छा ही हुआ।

सं०–यह आपका भ्रम है। यह बात तो हमें अंग्रेजों ने सिखाई है कि हम पहले एक राष्ट्र न थे और हमारे एक राष्ट्र होने में सदियाँ लग जायेंगी। यह बात नितांत निराधार है। अंग्रेज जब हिंदुस्तान में नहीं आये थे तब भी हम एक राष्ट्र थे; हमारे विचार एक थे, हमारी रहन-सहन एक थी, तभी तो वे सारे देश पर अपना एक-छत्र राज्य स्थापित कर सके। भेद-बिलगाव तो पीछे उन्होंने पैदा किया।

पा०–इस बात को जरा विस्तार से समझाना होगा।

सं०–मैं जो कछ कहता हूँ बिना सोचे-समझे नहीं कहता। एक राष्ट्र होने के मानी यह नहीं है कि हमारे बीच कोई भेद बिलगाव था ही नहीं। पर हमारे प्रमुख जन पाँव-पियादे या बहलियों में बैठकर सारे भारत का भ्रमण करते थे, एक दूसरे की भाषा सीखते थे और उनके बीच कोई बिलगाव न था। जिन दीर्घदर्शी पुरुषों ने सेतुबंध रामेश्वर (दक्षिण) जगन्नाथपुरी (पूर्व) और हरद्वार (उत्तर) की यात्रा का विधान किया, उनके विचार आपकी समझ से क्या रहे होंगे? यह तो आप मानेगें ही कि वे मूर्ख नहीं थे। भगवान का भजन तो घर बैठे ही हो सकता है। उन्होंने तो हमें सिखाया है कि 'मन चंगा तो कठौती में गंगा।' पर उन्होंने सोचा कि प्रकृति ने भारत को एक अखंड देश बनाया है और उसे एक राष्ट्र होना चाहिए। इसलिए उन्होंने उसके विभिन्न भागों में तीर्थों की स्थापना कर जनता के मन में एकता की भावना इस रीति से जगाई जिसकी

मिसाल दुनिया में और कहीं नहीं मिलती। दो अंग्रेजों में जितनी एकता नहीं है उतनी हम हिंदुस्तानियों में थी और है। यह तो हम-आप जो अपने-आपको सभ्य और सुधरे हए मानते हैं उन्हीं का मन हिंदुस्तान को भिन्न-भिन्न जातियों की खिचड़ी रूप में देखता है। रेलों से ही हम अपने-आप को एक से अनेक राष्ट्र मानने लगे। फिर भी अगर आप यह मानें कि रेलों से ही हमारे अंदर एक राष्ट्र होने की भावना जगी तो मुझे इसमें कोई एतराज नहीं। अफीमची भी कह सकता है कि अफीम की बुराइयों का पता मुझे अफीम खाने से ही लगा, इसलिए अफीम अच्छी चीज है। मैंने जो कुछ कहा है उस पर आप भली भाँति विचार करें। शंकाएँ तो अब भी आपके मन में उठेंगी, पर उनका समाधान आप स्वयं कर लेंगे।

पा०—आपने जो कुछ कहा है, उसपर मैं विचार करूँगा, पर एक सवाल तो इसी छन मेरे मन में उठ रहा है। आपने तब कहा है जब मुसलमान इस देश में दाखिल नहीं हुए थे। पर अब तो यहाँ मुसलमानों, पारसियों, ईसाइयों की इतनी बड़ी तादाद है। वे एक राष्ट्र कैसे बन सकते हैं? हिंदू मुसलमान का तो सहज बैर बताया जाता है। 'मियाँ और महादेव की नहीं पटती' जैसी कहावतें भी अपने यहाँ चल पड़ी हैं। पूजा में हिंदू का मुँह पूरब को होता है तो मुसलमान का पश्चिम की ओर। मुसलमान हिंदुओं को बुतपरस्त-मूर्तिपूजक-कहकर उनका तिरस्कार करते हैं। हिंदू मूर्तिपूजक (बुतपरस्त) हैं तो मुसलमान मूर्तिभंजक (बुतशिकन)। हिंदू गाय की पूजा करता है, मुसलमान उसका वध करता है। हिंदू अहिंसावादी है, मुसलमान हिंसावादी। इस प्रकार दोनों में पग-पग पर विरोध है। वह कैसे मिट सकता है और कैसे हिंदुस्तान एक राष्ट्र हो सकता है?

10

हिंदुस्तान की हालत-३

हिंदू-मुसलमान

सं०—आपका पिछला सवाल बड़ा टेढ़ा दिखाई देता है, पर थोड़ा सोचने से आसान मालूम होगा। इस सवाल के उठने का कारण भी रेल, वकील और डॉक्टर हैं। उनमें से वकील और डॉक्टर का विचार तो अभी हमें करना बाकी है। रेलों पर हम विचार कर चुके। पर इतना मैं और कहूँगा कि प्रकति ने मनुष्य को कुछ ऐसा बनाया है कि उसे अपनी आवा-जाही वहीं तक रखनी चाहिए जहाँ तक वह अपने हाथ-पाँव के बूते से आ-जा सके। अगर हम रेल वगैरह सवारियों के सहारे दौड़-धूप न करें तो बहुत-सी परेशानियों से बच जायें। हम तो खुद तकलीफें मोल लेते हैं। मनुष्य के पुरुषार्थ की हद ईश्वर ने उसके शरीर की बनावट में ही बाँध दी है,पर उसने उस हदको लाँघ जाने का उपाय ढूढ़ निकाला। इंसान को अक्ल इसलिए दी गई कि वह खुदा को पहचाने, पर उसने उसका उपयोग भगवान को भूल जाने में किया। प्रकृति ने मेरी शक्तियों की जो हद बाँध दी है उसको देखते हुए मैं केवल अपने आस-पास के आदमियों की ही सेवा कर सकता हूँ। पर अपने बल के घमंड में मैं यह मान बैठा कि अपने इस साढ़े तीन हाथ के शरीर से मुझे सारी दुनिया की सेवा करनी चाहिए। इस कोशिश में विभिन्न धर्मों के माननेवाले और विभिन्न विचार-स्वभाव के लोगों से हमारा साबिका पड़ता है और बोझ

आदमी के उठाये उठ नहीं सकता, इसलिए पीछे वह परेशान होता है। इस विचार सारणी से आप समझ लेंगे कि रेले सचमुच शैतानी साधन हैं। उनसे काम लेकर आदमी भगवान को भूल गया है।

पा०–पर मैं तो अपने सवाल का जवाब सुनने को अधीर हो रहा हूँ। मुसलमानों के इस देश में प्रवेश से हमारा एक राष्ट्र होना बना रहा या चला गया?

सं०–हिंदुस्तान में चाहे जिस मजहब के माननेवाले रहें, उससे हमारी एक राष्ट्रता मिटने वाली नहीं। नये आदमियों का आगमन किसी राष्ट्र का राष्ट्रपन नष्ट नहीं कर सकता। ये उसी में घुल-मिल जाते हैं। ऐसा हो तभी कोई देश एक राष्ट्र माना जाता है। उस देश में नये आदमियों को पचा लेने की शक्ति होनी चाहिए। हिंदुस्तान में यह शक्ति सदा रही है और आज भी है। यों तो सच पूछिए तो दुनिया में जितने आदमी हैं उतने हो धर्म मान लिये जा सकते हैं। पर एक राष्ट्र बनाकर रहनेवाले लोग एक दूसरे के धर्म में दखल नहीं देते। करें तो समझ लीजिए कि वे एकराष्ट्र होने के काबिल ही नहीं हैं। हिंदू अगर यह सोचें कि सारा हिंदुस्तान हिंदुओं से ही भरा हो तो यह उनका स्वप्न मात्र है। मुसलमान यह माने कि केवल मुसलमान इस देश में बसें तो इसे भी दिन का सपना ही समझना होगा। हिंदू, मुसलमान, पारसी ईसाई जो कोई भी इस देश को अपना देश मानकर यहाँ बस गये हैं वे सब एक देशी, एक मुल्की हैं, देश के नाते भाई-भाई हैं और अपने स्वार्थ, अपने हित की खातिर भी उन्हें एक होकर रहना होगा। दुनिया में कहीं भी एक राष्ट्र का अर्थ एक धर्म नहीं माना गया, हिंदुस्तान में भी कभी नहीं रहा।

पा०–पर हिंदू-मुसलमान के सहज बैर की बात?

सं०–'सहज बैर', शब्द तो उन लोगों के दिमाग की उपज है जो दोनों के दुश्मन हैं। जब हिंदू-मुसलमान एक दूसरे से लड़ते थे तब वे वैसी बात जरूर कहते थे। पर उनकी लड़ाई तो कब की खत्म हो चुकी है। तब उनमें सहज बैर कैसा? फिर यह भी याद रखिए कि अंग्रेजों के

आने के बाद हमने लड़ना बंद किया हो, सो बात भी नहीं है। हिंदू मुसलमान के और मुसलमान हिंदू के राज्य में रहते आये हैं। कुछ दिन बाद दोनों ने समझ लिया कि लड़ने झगड़ने में किसी का लाभ नहीं। लड़ने से जैसे कोई अपना धर्म नहीं छोड़ता वैसे ही अपना हठ भी नहीं छोड़ता। इसलिए दोनों ने आपस में मेल-जोल से रहने की ठहरा ली। झगड़े तो अंग्रेजों ने फिर से शुरू कराये।

'मियाँ और महादेव की नहीं पटती' कहावत भी तभी की है जब दोनों आपस में लड़ रहे थे। कितनी ही कहावतें लोगों की जबानों पर चढ़ जाती हैं और उन्हें दुहराते रहना हानिकर होता है। इन कहावतों की धुन में हमें यह भी याद नहीं रहता कि बहुत से हिंदू-मुसलमानों के बाप-दादा एक ही थे। उनकी धमनियों में एक ही रक्त बह रहा है, धर्म बदलने से क्या हम एक दूसरे के दुश्मन हो गये? क्या दोनों के खुदा दो हैं? धर्म तो एक ही जगह पहुँचने के जुदा-जुदा रास्ते हैं। जब मंजिल एक है तो दोनों के दो अलग-अलग रास्ते पकड़ने से क्या बिगड़ गया? इसमें दुःख मानने, आपस में लड़ने-झगड़ने की कौन-सी बात है?

फिर ऐसी कहावतें तो शैवों-वैष्णवों के बीच भी प्रचलित हैं। पर इससे कोई यह नहीं कहता कि दोनों एक ही राष्ट्र के अंग नहीं हैं। वैदिक धर्मी और जैन के बीच बहुत अंतर माना जाता है, पर इससे दोनों दो राष्ट्र के नहीं हो जाते। हम गुलाम हो गये हैं, इसी से आपस में लड़ते और अपने झगड़े तीसरे के पास तस्फिये के लिए ले जाते हैं। जैसे मुसलमान मूर्तिपूजा का खंडन करते हैं वैसे ही एक पंथ हिंदुओं में भी दिखाई देता है। ज्यों-ज्यों हमारा ज्ञान बढ़ता जायेगा त्यों-त्यों हम यह समझते जायेंगे कि हमारा पड़ोसी हमें न रुचनेवाले धर्म का अनुसरण करता हो तो हमें उससे बैर न रखना चाहिए, उसके साथ ज़ोर-जबर्दस्ती न करनी चाहिए।

पा०-अच्छा, अब गो रक्षा के बारे में अपने विचार बताइए।

सं०-मैं खुद गाय को पूजता हूँ, यानी उसकी इज्जत करता हूँ। गाय हिंदुस्तान की रक्षा करनेवाली है, क्योंकि कृषि प्रधान देश होने के कारण

उसकी संतान पर ही हिंदुस्तान का आधार है। गाय सैकड़ों रूपों में हमारे लिए उपयोगी प्राणी है। उसकी उपयोगिता तो हमारे मुसलमान भाई भी स्वीकार करेंगे।

पर जैसे मैं गाय को पूजता हूँ वैसे ही मनुष्य को भी तो पूजता हूँ। जैसे गाय उपयोगी है वैसे ही मनुष्य भी उपयोगी है, फिर वह हिंदू हो या मुसलमान। तब क्या गाय को बचाने के लिए मैं मुसलमान से लड़ूँगा, उसकी हत्या करूँगा? ऐसा करके तो मैं गाय और मुसलमान दोनों का दुश्मन बनूँगा। इसलिए मेरी समझ से तो गाय की रक्षा का एक ही उपाय है—मैं अपने मुसलमान भाई के पास जाकर हाथ जोड़ और देश की भलाई के खातिर उसे गाय की रक्षा करने के लिए समझाऊँ। वह न समझे तो मुझे गाय को यह सोचकर जाने देना चाहिए कि उसे बचाना मेरे बस की बात नहीं है। मुझे गाय पर बहुत ही दया आती हो तो उसे बचाने के लिए खुद अपनी जान दे देनी चाहिए, पर किसी मुसलमान की जान हर्गिज न लेनी चाहिए। मैं तो मानता हूँ कि यही हमारे धर्म का आदेश है।

'हाँ' और 'ना' का सदा बैर है। मैं बहस करूँ तो मुसलमान भाई भी वैसा करेगा। मैं टेढ़ा हूँगा तो वह भी टेढ़ा होगा। मैं बालिश्त भर झुकूं तो वह हाथ भर झुकेगा। और न भी झुके तो यह नहीं कहा जा सकता कि मैंने झुककर गलती की। हमने गो रक्षा का हठ पकड़ा तो अधिक गायें काटी जाने लगीं। मेरी राय में गोरक्षा-प्रचारिणी सभाओं को गोवध-प्रचारिणी सभाएँ मानना चाहिए। ऐसी सभाओं का अस्तित्व हमारे लिए लज्जा की बात है। जब हम गाय की रक्षा करना भूल गये तभी ऐसी सभाओं की आवश्यकता हुई होगी।

मेरा सगा भाई गाय को मारने दौड़े तो मेरा कर्तव्य क्या होगा? मैं उसे कतल कर दूँ या उसके पावँ पड़ूँ? अगर आप कहें कि मुझे उसके पाँव पड़ना चाहिए तो फिर मुसलमान भाई के साथ भी मुझे वही करना चाहिए।

खुद हिंदू ही जब गाय को सता-सताकर उसका वध करता है तब कौन उसे बचाता है? गाय की संतान बैल को हिंदू जब पैने से पीटता है तब कौन उसे समझाता है? पर इससे हमारे एक राष्ट्र बने रहने में कोई अड़चन नहीं पड़ी।

अंत में अगर यह सच है कि हिंदू अहिंसक और मुसलमान हिंसक है तो अहिंसक का धर्म क्या है? अहिंसा-धर्म को मानने वाला किसी आदमी की हिंसा करे, यह तो कहीं नहीं लिखा है। अहिंसावादी का रास्ता तो सीधा है। एक को बचाने के लिए वह दूसरे की हत्या कर ही नहीं सकता। उसका कर्तव्य तो केवल मारने वाले के पाँव पड़ना होता है, यही उसका पुरुषार्थ है।

पर क्या हर एक हिंदू अहिंसक है? जड़ पर जाइए तो कोई भी अहिंसक नहीं है, क्योंकि जीव-हिंसा तो हम लोग करते ही हैं। पर हम उससे बचना चाहते हैं, इसलिए अहिंसावादी कहाते हैं। मोटे हिसाब देखिए तो बहुतेरे हिंदू माँसाहारी हैं, इसलिए वे अहिंसा-धर्म को माननेवाले नहीं कहे जा सकते। खींच-तानकर अहिंसा का दूसरा अर्थ करना हो तो जुदी बात है। तब यह कहना सर्वथा असंगत है कि चूंकि हिंदू अहिंसावादी और मुसलमान हिंसावादी हैं, इसलिए दोनों का मेल नहीं हो सकता।

ये विचार स्वार्थी, धर्मध्वज धर्मोपदेशकों, पंडितों और मुल्लाओं ने हमारे दिमागों में भरे हैं। जो कसर रह गई थी वह अंग्रेजों ने पूरी कर दी। उन्हें इतिहास लिखने की आदत है। हर जाति के रीति-रिवाजों और तौर-तरीकों का अध्ययन करने का वे ढोंग करते हैं। ईश्वर ने मनुष्य को नन्हा-सा मन–थोड़ी-सी बुद्धि दी, पर वे खुदाई का दावा करने लगे और तरह-तरह के प्रयोग, परीक्षाएँ किया करते हैं। अपना ढोल वे आप ही पीटते और हमारे मन पर अपनी बातों की छाप डाल देते हैं। अपने भोलेपन से हम उनसब बातों को सही मान लेते हैं।

जो उजले को काला नहीं देखना चाहता वह देख सकता है कि कुरान शरीफ में ऐसे सैकड़ों वचन हैं जिन्हें हिंदू मान सकता है और भगवद्गीता

में ऐसी बीसियों बातें हैं जिनके खिलाफ कोई मुसलमान कुछ कह ही नहीं सकता। कुरान शरीफ की कुछ बातें मेरी समझ में न आयें या मुझे न रुचें तो इस कारण क्या मुझे उसे मानने वाले से नफरत करनी चाहिए? ताली एक हाथ से नहीं बजती। मुझे झगड़ा करना ही न हो तो मुसलमान क्या कर सकता है? इसी तरह मुसलमान को मुझसे लड़ना ही न हो तो मैं क्या कर सकता हूँ? जो हवा को घूंसा मारने जायेगा उसका हाथ उखड़ जायेगा। सब लोग अपने-अपने धर्म का तत्त्व समझकर उसपर आरूढ़ रहें, पंडितों, मुल्लाओं को टांग न अड़ाने दें, तो झगड़े का मुँह काला ही रहेगा।

पा०—पर क्या अंग्रेज दोनों कौमों को कभी मिलने देंगे?

सं०—यह सवाल कायर, बुजदिल आदमी ही कर सकता है। यह हमारी हीनता की सूचना देता है। दो भाई आपस में मिल कर रहना चाहें तो कौन उन्हें बिलग कर सकता है? कोई तीसरा आदमी उनमें झगड़ा करा सकता हो तो हम उन्हें कच्चे दिल का ही समझेंगे। इसी तरह अगर हम हिंदू-मुसलमान कच्चे दिल के हों तो फिर अंग्रेजों को दोष देने की जरूरत नहीं। कच्चा घड़ा एक नहीं तो दूसरे ढेले से फट ही जायेगा। उसे बचाने का उपाय उसे ढेलों से बचाते रहना नहीं है, बल्कि उसे पक्का कर देना है जिससे ढेलों का डर ही न रहे। इसी तरह हमें अपने दिलों को भी पक्का-पोढ़ा बना लेना चाहिए। दो में से एक भी पक्के दिल का हो जाये तो तीसरे की दाल न गलेगी। हिंदू इस काम को आसानी से कर सकते हैं। उनकी संख्या बड़ी है, वे अपने को अधिक पढ़ा-लिखा भी मानते हैं। इसलिए वे अपने दिल को पक्का रख सकते हैं।

दोनों जातियों को एक दूसरे पर अविश्वास है। इसलिए मुसलमान लार्ड मारले से कुछ विशेषाधिकार माँग रहे हैं। हिंदू इसका विरोध क्यों करें? हिंदू विरोध न करें तो अंग्रेज चौंके, मुसलमान धीरे-धीरे हिंदुओं का विश्वास करने लगे और दोनों में भाई-चारा बढ़े। अपने झगड़े अंग्रेजों के पास ले जाते हुए हमें शर्म आनी चाहिए। आप खुद समझ सकते हैं कि

ऐसा करके हिंदू कुछ खोयेंगे नहीं। जो दूसरे के दिल में अपना विश्वास उत्पन्न कर सका उसने आज तक कुछ गँवाया नहीं।

मैं यह नहीं कहता कि हिंदू-मुसलमान कभी लड़ेंगे ही नहीं। साथ रहनेवाले दो भाइयों में झगड़ा होता ही है। कभी-कभी तो सिर-फुटौवल की भी नौबत आ जाती है। इसकी जरूरत न होनी चाहिए। पर सभी की मति एक-सी नहीं होती। लोग जब गुस्से में होते हैं तब साहस, अविचार के बहुत-से काम कर डालते हैं। उन्हें हमें सहन करना ही होगा। पर अपने ऐसे झगड़े हमें बड़े-बड़े वकील करके अंग्रेजी अदालतों में नहीं ले जाना चाहिए। दो आदमी लड़े, दोनों या एक का सिर फटा, अब तीसरा इसमें क्या न्याय करेगा? जो लड़ेंगे वे चोट खायेंगे ही। देह-देह से भिड़े तो इसकी निशानी रहनी ही चाहिए। इसमें भला न्याय क्या हो सकता है?

11

हिंदुस्तान की हालत-४

वकील

पा०—आप कहते हैं कि दो आदमी लड़ें तो न्याय के लिए अदालत भी न जायें। यह तो कुछ अजीब-सी बात है।

सं०—अजीब कहिए या और कोई विशेषण लगाइए पर बात सच्ची है। आपकी शंका हमें वकील-डॉक्टर की याद दिला रही है। मेरी तो पक्की राय है कि वकीलों ने हिंदुस्तान को गुलामी में फँसाया, हिंदू-मुसलमान का झगड़ा बढ़ाया और अंग्रेजी हुकमत की जड़ मजबूत की है।

पा०—ऐसे इलजाम लगाना तो आसान है, पर साबित करना कठिन होगा। वकील न होते तो आपको आजादी की राह कौन दिखाता? गरीबों का बचाव कौन करता? उन्हें दाद कौन दिलाता? स्वर्गीय मनमोहन घोष ने कितनों को बचाया और इसके लिए उनसे एक पैसा भी नहीं लिया। जिस कांग्रेस का आप ही इतना बखान कर गये हैं वह तो वकीलों के ही दम से कायम है और उन्हीं की मेहनत से उसका काम चलता है। ऐसे प्रतिष्ठित पेशे की निंदा करना अन्याय है। यह तो ऐसा जान पड़ता है जैसा अपने हाथ में अखबार होने से आप जो जी में आये वह लिख मारने की छूट ले रहे हैं।

सं०—आप जो मानते हैं किसी समय में भी वही मानता था और वकीलों ने कभी कोई अच्छी बात की ही नहीं, यह तो मैं आपसे कहता

भी नहीं। श्री मनमोहन घोष की मैं इज्जत करता हूँ। उन्होंने गरीबों की मदद की यह बात बिल्कुल सही है। कांग्रेस में वकीलों ने कुछ किया है, यह भी कबूल किया जा सकता है। आखिर वकील भी तो आदमी हैं, और मनुष्य मात्र में थोड़ी-बहुत भलाई रहती ही है। वकीलों की भलमनसी के जो उदाहरण देखने में आये हैं, उनमें से अधिकांश उस समय उनसे बन पड़े हैं जब वे अपना वकील होना भूल गये थे। पर मुझे तो आपको इतना ही बताना है कि वकीलों का धंधा ऐसा है जो उन्हें अनीति सिखाता है। वह उन्हें लोभ के गढ़े में गिराता है, जिससे थोड़े ही निकल पाते हैं।

हिंदू-मुसलमान किसी दिन आपस में लड़ पड़े। अब एक तटस्थ आदमी तो उनसे यही कहेगा कि भाई, जाने दो, इस बात को भूल जाओ। थोड़ा-बहुत दोष तो दोनों का ही होगा; आगे से आपस में मिल-जुलकर रहना। इसके बाद वे वकील के पास जाते हैं। वकील का तो यह कर्तव्य ही ठहरा कि अपने मुवक्किल का पक्ष ले और उसके लिए ऐसी दलीलें ढूँढ़ निकाले जो उसके दिमाग में कभी आई ही नहीं। वह यह न करे तो समझा जाएगा कि उसने अपने पेशे को कलंकित किया। इसलिए वकील आम तौर से झगड़े को आगे बढ़ाने की ही सलाह देगा।

फिर जो लोग वकील बनते हैं वे कुछ दूसरों के दुःख दूर करने के लिए नहीं बनते, बल्कि पैसा कमाने के लिए बनते हैं। वकालत भी पैसा कमाने का एक रास्ता है और वकील का स्वार्थ झगड़े बढ़ाने में ही है। यह तो मेरी जानी हई बात है कि लोग लड़ें झगड़ें तो वकीलों को खुशी होती है। मुख्तार भी उसी बिरादरी के-उन्हीं के भाई-बंद हैं। जहाँ झगड़ा न हो वहाँ भी वे खड़ा कर देंगे। उनके दलाल होते हैं जो जोंक की तरह गरीबों से चिपकते और उनका खून चूस लेते हैं। यह धंधा ही ऐसा है कि इससे लोगों को लड़ने-झगड़ने का प्रोत्साहन मिलता है। वकील निठल्ले आदमी होते हैं। आलसी स्वभाव के लोग ऐश-आराम करने की खातिर वकील बनते हैं। यही सच्ची बात है। जो दूसरी दलीलें दी जाती हैं वे तो

महज बहाने हैं। वकालत बहुत प्रतिष्ठित पेशा है, यह खोज करनेवाले भी तो वकील ही हैं। कायदे-कानून वही बनाते हैं, अपनी बड़ाई के गीत भी वही गाते हैं। लोगों से मेहनताना कितना लिया जाये इसका फैसला भी वही करते हैं। लोगों पर रोब जमाने के लिए वे ऐसा आडंबर रचते हैं मानों देव लोक से उतरे हुए कोई देवता हों!

वे साधारण मजदूर से बड़ा रोजीना क्यों माँगते हैं? उनकी जरूरतें मजदूर से ज्यादा क्यों हों? मजदूर की तुलना में उन्होंने देश की क्या अधिक भलाई कर दी है? फिर भलाई करनेवाला क्या अधिक पैसा पाने का हकदार है? जो काम उन्होंने पैसे के लिए किया वह भलाई कैसे माना जा सकता है?

हिंदू-मुसलमानों के झगड़ों की जिन्हें कुछ जानकारी है वे जानते हैं कि कितने ही झगड़े वकीलों के कारण ही हुए हैं। कितने ही बसे घर उनकी बदौलत उजड़ गये। भाई-भाई एक दूसरे के दुश्मन हो गये। कितने ही राजा-रईस उनके जाल में फँसकर कर्ज से लद गये। बहुतेरे सुखी-संपन्न गृहस्थ वकीलों की कार साजी से भिखारी बन गये। ऐसे बीसियों उदाहरण दिये जा सकते हैं।

पर उनके हाथों देश का जो सबसे बड़ा अपकार हुआ है वह यह है कि अंग्रेजों का जुआ हमारी गरदन पर और कसकर बैठ गया। आप ही सोचिए अंग्रेजी अदालतें न होती तो क्या अंग्रेज हमपर राज्य कर सकते? ये अदालतें कुछ लोगों के भले के लिए नहीं कायम की गई हैं। जिसे अपनी हुकूमत कायम रखनी होती है वह अदालतों के जरिये ही लोगों को अपने बस में करता है। लोग आपस में ही निपट लें तो तीसरा उनपर अपनी प्रभुता नहीं जमा सकता। सचमुच जब लोग खुद लड़-भिड़कर या स्वजनों को पंच बनाकर निपट लेते थे तब वे मर्द होते थे। अदालतें आईं तबसे वे नामर्द बन गये। आपस में लड़ मरना तो जंगलीपन माना जाता है पर मेरे-आपके झगड़े में तीसरा पंच बने, यह क्या कम जंगलीपन है? तीसरे का फैसला हमेशा ठीक ही होता है, यह कौन कह सकता है?

सच्चा कौन है, इसे दोनों पक्षवाले जानते हैं। यह तो हमारा भोलापन है जो हम यह मान लेते हैं कि हमारा पैसा लेकर तीसरा आदमी हमारा इंसाफ करता है।

जो हो, याद रखने की बात इतनी ही है कि अंग्रेजों ने अदालतों के जरिये ही हमारे ऊपर कब्जा जमाया है और अदालतें वकीलों के बिना चल ही नहीं सकतीं। अगर अंग्रेज ही जज होते, अंग्रेज ही वकील होते, अंग्रेज ही सिपाही होते, तो अंग्रेज केवल अंग्रेजों पर ही राज करते। हिंदुस्तानी जजों और हिंदुस्तानी वकीलों के बिना उनका काम न चल सका। वकील किस तरह बनाये, किस तरह पोसे-पुचकारे गये, यह सब आप समझ लें तो आपको भी इस पेशे से उतनी ही नफरत हो जायेगी जितनी मुझे है। अंग्रेजी राज्य की एक मुख्य कुंजी उसकी अदालतें हैं और अदालतों की कुंजी वकील हैं। वकील वकालत छोड़ दें और यह पेशा वेश्यावृत्ति के-जैसा हीन समझा जाने लगे तो अंग्रेजी हुकूमत की इमारत एक दिन में ढह जाये। वकीलों की ही बदौलत हम हिंदुस्तानियों पर यह लांछन लगाया गया है कि हमें झगड़ा रुचता है और अदालत-कचहरी से हमें वैसी ही प्रीति है जैसी मछली को पानी से।

वकीलों के बारे में मैंने जो कुछ कहा है वह जजों पर भी चरितार्थ होता है। ये दोनों तो मौसेरे भाई और एक दूसरे का बल बढ़ानेवाले हैं।

12

हिंदुस्तान की हालत-५

डॉक्टर

पा०—वकीलों की बात तो अब समझ में आने लगी। उनसे हमारी जो कुछ भलाई हुई है वह अनायास, संयोगवश ही हुई-सी जान पड़ती है। वैसे उनके पेशे को देखें तो वह खराब ही ठहरता है। पर आप तो डॉक्टरों को भी उन्हीं के साथ घसीटते हैं, यह कैसे होगा?

सं०—जो विचार में आपके सामने रख रहा हूँ, वे इस समय तो मेरे ही हैं, पर वे महज मेरे दिमाग की उपज हों सो बात नहीं है। पश्चिम के सुधारक इन बातों को अधिक कड़े शब्दों में लिख गये हैं। वकील-डॉक्टरों को उन्होंने बुरी तरह कोसा है। एक डॉक्टर ने तो एक विषवृक्ष बनाया है। वकील-डॉक्टर जैसे परोपजीवी पेशे उसकी डालें हैं और उसके तने पर नीति-धर्म रूपी कुल्हाड़ी आघात के लिए उठी हुई है। अनीति सारे परोपजीवी पेशों का मूल रूप बताई गई है। इससे आप समझ सकते हैं कि मैं आपके सामने अपनी जेब से निकालकर कोई नये विचार नहीं रख रहा हूँ, बल्कि दूसरों के और अपने अनुभव आपको बता रहा हूँ।

डॉक्टरों के विषय में जैसे आपको आज भी मोह है वैसे ही कभी मुझे भी था। एक समय था जब खुद मेरे मन में भी डॉक्टर होने का हौसला था। सोचता था कि डॉक्टर बनकर जनता की सेवा करूँगा। पर

वह मोह अब नष्ट हो चुका है। हमारे यहाँ वैद्य का धंधा अच्छे पेशों में क्यों नहीं गिना गया, इसका अर्थ अब मेरी समझ में आ गया और अब मैं उस विचार का मूल्य आंक सकता हूँ।

अंग्रेजों ने हमपर अपना पंजा कसने में डॉक्टरी विद्या की भी सहायता ली है। डॉक्टरों में दंभ की भी कमी नहीं है। मुगल बादशाह को बहकाने वाला एक अंग्रेज डॉक्टर ही तो था। उसने उनके घर में किसी का रोग छुड़ा दिया, इसलिए उसे इनाम मिला। अफगानिस्तान के अमीर के पास पहुँचनेवाला भी डॉक्टर ही था।

डॉक्टरों ने हमें डावांडोल कर दिया है। कभी-कभी तो यह कहने को जी चाहता है कि इन डॉक्टरों से तो हमारे अताई वैद्य या नीम-हकीम ही भले। डॉक्टरों का काम केवल शरीर की संभाल है, बल्कि यह भी नहीं, उसमें कोई रोग हो जाये तो उसे दूर कर देना भर है। रोग होता कैसे है? हमारी ही गलती-गफलत से। मैंने ठूँस-ठूँसकर खा लिया; अपच हुआ; मैं डॉक्टर के पास पहुँचा; उसने गोली दी; मैं चंगा हो गया। मैंने फिर ठूँसकर खाया, और फिर गोली खाई। यही ढर्रा चलता रहता है। पहली बार ही दवा न खाकर मैं अपच की सजा भुगत लेता तो फिर बेहिसाब न खाता। पर डॉक्टर बीच में कूदा और उसने मुझे पेट की माँग से अधिक खा लेने में मदद दी। इससे मेरे शरीर को तो सुख मिला, पर मन निर्बल हो गया। यों चलते-चलते अंत में यह हो जाता है कि मन पर तनिक भी काबू नहीं रह जाता। मैंने विषय सुख भोगा, बीमार पड़ा; डॉक्टर ने दवा दी, मैं चंगा हो गया। तो क्या मैं फिर संभोग का सुख न लूँगा? अवश्य लूँगा। डॉक्टर बीच में न आता तो प्रकृति अपना काम करती, मेरा मन पक्का हो जाता और अंत में मैं विषय-वासना से मुक्त होकर सुखी होता।

अस्पताल तो पाप के घर हैं, उनके कारण मनुष्य अपने शरीर की फिक्र कम और अनाचार अधिक करता है। यूरोपीय डॉक्टरों ने तो हद ही कर दी है। शरीर की झूठी सम्हाल की खातिर वे हर साल लाखों जीवों की हत्या करते हैं, जीवित प्राणियों पर तरह-तरह की आजमाइशें करते

हैं, कोई भी धर्म ऐसा करने को इजाजत नहीं देता। हिंदू, मुसलमान, ईसाई, पारसी सभी धर्म कहते हैं कि मनुष्य के शरीर के लिए इतने प्राणियों की जान लेना जरूरी नहीं है।

डॉक्टर हमें धर्मभ्रष्ट करते हैं। उनकी ज्यादातर दवाओं में चरबी या शराब मिली होती है। दोनों ही चीजें हिंदू-मुसलमान के छूने लायक नहीं है। हम सभ्य होने का ढोंग कर, धर्मकृत निषेध को अंधविश्वास मानकर जी में आये वह करते रहें, यह और बात है। पर डॉक्टर वैसा करने के लिए हमें बढ़ावा देते हैं, यह सीधी और पक्की बात है। इसका फल यह हुआ कि हम निर्जीव और नामर्द होते जा रहे हैं। ऐसी दशा में हम देश-सेवा करने लायक नहीं रहते और हमारा तन-मन क्षीण, बलहीन होता जा रहा है।

हम डॉक्टर क्यों होते हैं, यह भी सोचने की बात है। इसका सच्चा कारण प्रतिष्ठा और पैसा देनेवाला पेशा करना है, परोपकार की भावना नहीं है। यह तो मैं बतला ही चुका हूँ कि इस धंधे से लोक-सेवा नहीं होती, बल्कि लोगों का अपकार होता है। डॉक्टर केवल आडंबर रचकर लोगों से मोटी फीस ऐंठते हैं। पैसे की दवा का रुपया लेते हैं। लोग अपने सहज-विश्वासीपन तथा आरोग्य लाभ की आशा में ठगे जाते हैं। यही बात है तो लोकोपकार का ढोंग रचनेवाले इन डॉक्टरों से हमारे ठग वैद्य ही क्यों न अच्छे समझे जायें?

13

सच्ची सभ्यता क्या है?

पा०–आपने रेल को फेल किया, वकीलों को कोसा, डॉक्टर को दबोचा। मशीन मात्र को आप हानिकर मानेंगे, यह भी देखता ही हूँ। तब सभ्यता कहें किसको?

सं०–इस सवाल का जबाब देना कठिन नहीं है। मैं तो मानता हूँ कि हिंदुस्तान ने जिस सभ्यता का नमूना दुनिया के सामने पेश किया है दुनिया की कोई भी सभ्यता उसका मुकाबला नहीं कर सकती। जो बीज हमारे पुरखों ने बोया उसकी बराबरी कर सकनेवाली कोई चीज मेरे देखने में नहीं पाई। रोम मिट्टी में मिल गया। यूनान का नामभर रह गया। मिस्र के फरज्जौनों की बादशाही बिदा हो गई। जापान पश्चिम का चेला बन गया। चीन की कथा तो कहने ही लायक नहीं। पर हिंदुस्तान ठोकर खाकर गिर गया है, फिर भी अभी उसकी जड़ मजबूत है।

रोम और यूनान आज अवनति के गढ़े में गिरे हुए हैं, फिर भी यूरोप के लोग उन्हीं की पुस्तकों से ज्ञान लेते हैं। वे सोचते हैं कि रोम-यूनान ने जो गलतियाँ की उनसे हम बच जायेंगे। जब उनकी ऐसी हीन दशा है, हिंदुस्तान अपनी जगह पर अचल है। यही उसका गौरव है। हिंदुस्तान पर यह दोष लगाया जा सकता है कि यहाँ के लोग इतने असभ्य, अज्ञान और आलसी हैं कि उनसे कोई फेरफार कराया ही नहीं जा सकता। पर यह आरोप हमारा गुण है, दोष नहीं। अनुभव की कसौटी पर जिस बात को

हमने ठीक पाया उसमें फेरफार क्यों करें? हमें अकल देनेवाले तो बहुतेरे आया-जाया करते हैं, पर हिंदुस्तान अडिग रहता है। यही उसकी खूबी है, यही उसका लंगर है।

सभ्यता तो आचार-व्यवहार की वह रीति है जिससे मनुष्य अपने कर्तव्यों का पालन करे। कर्त्तव्य-पालन और नीति-पालन एक ही चीज है। नीति-पालन का अर्थ है अपने मन और अपनी इंद्रियों को वश में रखना। यह करते हुए हम अपने आपको पहचानते हैं। यही 'सुधार' यानी सभ्यता है, जो कुछ इसके विरुद्ध है वह 'कुधार'–असभ्यता है।

सभ्यता की इस व्याख्या के अनुसार तो हिंदुस्तान को किसी से कुछ सीखना नहीं रहता। वास्तव में है भी यही बात। अनेक अंग्रेज-लेखक भी यह बात लिख गये हैं। हम देख चुके हैं कि मनुष्य की वृत्तियाँ चंचल हैं, उसका मन यहाँ से वहाँ भटकता रहता है। शरीर का यह हाल है कि उसे जितना दो उतना ही और माँगता है। अधिक पाकर भी सुखी नहीं होता। भोग भोगने से भोग की इच्छा बढ़ती जाती है। इसी से हमारे पुरखों ने उसकी हद बाँध दी। बहुत सोच-विचार के बाद वे इस नतीजे पर पहुँचे कि सुख-दुःख का कारण हमारा मन है। अमीर न अमीर होने के कारण सुखी होता है और न गरीब-गरीब होने की वजह से दुःखी होता है। अक्सर अमीर दुःखी और गरीब सुखी दिखाई देता है। फिर करोड़ों आदमियों को तो गरीब ही रहना है। यही देखकर हमारे बुजुर्गों ने हमें भोग की वासना से मुक्त करने की कोशिश की। हजारों साल पहले जिस हल से हमने काम लिया उसीसे आजतक काम चलाते रहे। हजारों बरस पहले जैसे झोंपड़ों में हमने गुजर किया वैसे ही झोंपड़े अबतक बनाते रहे। पढ़ाई-लिखाई का भी वही हजारों बरस पहले का ढर्रा चलता रहा सत्यानाशी प्रतियोगिता को हमने अपने पास भटकने नहीं दिया, सब अपना-अपना धंधा करते और बंधे हिसाब से पैसा लेते रहे। नये-नये कल-पुरजे बनाना न आता हो सो बात नहीं थी। पर हमारे पुरखों ने देखा कि मनुष्य यंत्रों के जाल में फँसा तो उसका गुलाम ही बन जायेगा और

नीति से हाथ धो बैठेगा। इसलिए उन्होंने सोच-विचारकर कहा कि तुम्हारे हाथ पाँव से जितना हो सके उतना ही करो, हाथ-पैर से काम लेने में ही सच्चा सुख और स्वास्थ्य है।

उन्होंने यह भी सोचा कि बड़े-बड़े शहर बसाना बेकार का झंझट है। उनमें रहकर लोग सुखी न होंगे। वहाँ तो चोर-डाकुओं के दल जुड़ेंगे, पैसेवाले गरीबों को चूसेंगे, 'सफेद गलियाँ' आबाद होंगी। अत: उन्होंने छोटे-छोटे गाँवों से ही संतोष किया। उन्होंने देखा कि राजाओं और उनकी तलवारों से नीति-धर्म का बल अधिक बलवान है, इसलिए उन्होंने नीतिवान् पुरुषों, ऋषि, मुनियों और साधु-संतों से राजा का दरजा छोटा माना। जिस राष्ट्र का विधान ऐसा हो वह दूसरों को सिखाने का अधिकारी है, उनसे सीखने का नहीं।

हमारे यहाँ अदालतें थीं, वकील थे, वैद्य-हकीम थे। पर सब को बंधे नियमों के अंदर रहना पड़ता था। सभी जानते थे कि ये धंधे कुछ दूसरे धंधों से ऊँचे नहीं हैं। फिर वकील, वैद्य आदि लोगों को लूटते नहीं थे। ये लोग तो जन-समाज पर आश्रित थे, उसके मालिक बनकर नहीं रहते थे। न्याय प्राय: सच्चा ही होता था। अदालत न जाना ही साधारण नियम था। उन्हें बहकाने के लिए दलाल भी नहीं थे। इन बुराइयों के दर्शन तो राजदरबारों और राजधानियों में ही होते थे। आम लोग तो दूसरे ढंग से रहते और अपनी खेती-किसानी करते थे। उनके लिए तो सच्चा स्वराज्य था।

यह चांडाल सभ्यता जहाँ नहीं पहुँची है वहाँ आज भी वही हिंदुस्तान है। वहाँ आप अपने ढोंग-ढकोसलों की बात करें तो लोग आपकी हँसी उड़ायेंगे। उनपर न अंग्रेज राज करते हैं न आप कभी कर सकेंगे। जिन लोगों के नामपर हम बातें करते हैं उन्हें हम नहीं पहचानते और वे हमें नहीं पहचानते। आप या जिन के दिल में देश का दर्द है उन्हें मैं यह सलाह दूँगा कि पहले आप अपने देश के उस हिस्से में जायें जहाँ अभी रेल के चरण नहीं पहुँचे हैं, वहाँ छ: महीने फिरें और फिर दिल में देश का दर्द पैदा करें और स्वराज्य की बात करें।

अब आपने देख लिया कि सच्ची सभ्यता या सुधार में किसे कहता हूँ। ऊपर जो चित्र मैंने खींचा है वैसा हिंदुस्तान जहाँ हो वहाँ जो लोग फेरफार करना चाहते हों उन्हें देश का दुश्मन जानिए, वे पापी हैं।

पा०–आपने जैसा बताया है हिंदुस्तान वैसा ही हो तब तो सब ठीक ही है। पर जिस देश में हजारों बालविधवाएँ हैं, जिस देश में दो-दो बरस के बच्चों की भाँवरें फिराई जाती हों, जिस देश में बारह बरस के लड़के-लड़कियाँ पति-पत्नी और माँ-बाप बनते हों, जिस देश में स्त्री एकाधिक पति करती हो, जिस देश में नियोग की प्रथा चलती हो, जिस देश में धर्म के नाम पर कुमारिकाएँ वेश्या बनाई जाती हों, जिस देश में धर्म के नाम पर बकरे पंड़वे काटे जाते हों, वह देश भी तो हिंदुस्तान ही है। फिर भी आपने जो कुछ कहा है वह सभ्यता का ही लक्षण है न?

सं०–आप भूलते हैं। आपने जो दोष बताये हैं वे तो दोष हैं ही। उन्हें कोई हमारी पुरानी सभ्यता नहीं कहता। उस सभ्यता के रहते हुए भी ये दोष दूर करने के प्रयत्न सदा होते रहे और होते रहेंगे। हमारे अंदर जो नई जाग हुई है उसका हम इन दोष-त्रुटियों को दूर करने में उपयोग कर सकते हैं। पर आधुनिक सभ्यता के जो लक्षण मैंने आपको बताये हैं, उन्हें उसके हिमायती अपने मुँह से भी कहते हैं, भारतीय सभ्यता को मैंने जैसा बताया है उसके भक्त भी उसे वैसा ही कहते हैं।

किसी भी देश और किसी भी सभ्यता में सब लोग संपर्णता नहीं प्राप्त कर सके। भारतीय सभ्यता का झुकाव नीति को दृढ़ करने की ओर है, पश्चिमी सभ्यता का अनीति को दृढ़ करने की ओर। पश्चिम की सभ्यता नास्तिक, निरीश्वरवादी है, भारत की सभ्यता ईश्वर को माननेवाली है।

हिंदुस्तान का हित चाहनेवालों को चाहिए कि इस तत्व को समझकर, इसमें श्रद्धा रखकर जैसे बच्चा माँ की छाती से चिपका रहता है वैसे ही अपनी पुरानी सभ्यता से चिपके रहें।

14

हिंदुस्तान कैसे छूटे?

पा०—सभ्यता के विषय में आपके विचार समझ लिये। आपने जो कुछ कहा है उसपर मुझे ध्यान देना होगा। सभी बात एकबारगी मान ली जाये, यह तो नहीं हो सकता। आप ऐसी आशा भी न रखते होंगे। अब यह बताइए कि आपके विचारों के अनुसार हिंदुस्तान के छुटकारे का उपाय क्या हो सकता है?

सं०—सब लोग मेरे विचार एकबारगी स्वीकार कर लेंगे, यह आशा तो मैं रखता ही नहीं। मेरा फर्ज तो इतना ही है कि आप जैसे जो लोग मेरे विचार जानना चाहते हों उनके सामने उन्हें रख दूँ। वे विचार उन्हें रुचते हैं या नहीं यह तो समय ही बतलायेगा।

सच पूछिए तो हिंदुस्तान के छुटकारे के उपाय पर हम विचार कर भी चुके। पर वह अप्रत्यक्ष रूप में हुआ है, अब हम प्रत्यक्षरूप से उसपर विचार करें।

यह तो सर्वविदित बात है कि जिस कारण से कोई बीमार हुआ हो उसको दूर करने से ही वह अच्छा हो सकता है। वैसे ही जिन कारणों से हिंदुस्तान गुलामी में फँसा उन्हें दूर कर देने से वह आजाद हो सकता है।

पा०—हिंदुस्तान की सभ्यता, जैसा कि आप मानते हैं, सर्वश्रेष्ठ है तो वह गुलामी में क्यों फँसा?

सं०—हमारी सभ्यता तो जैसी मैंने बतलाई वैसी ही है, पर सभी सभ्यताओं पर बुरे दिन आया करते हैं। जो सभ्यता अचल अडिग होती है वह उस संकट से पार हो जाती है। भारत की संतानों में कुछ कचाई थी, इस कारण उसकी सभ्यता संकट में पड़ गई। पर उसमें इस घेरे को तोड़कर निकल आने का बल है, यही उसका गौरव है। फिर कुछ सारा हिंदुस्तान उस घेरे में फँस गया हो सो बात भी नहीं है। जिन्होंने पश्चिमी ढँग की शिक्षा पाई है और जो उसके जाल में आ चुके हैं वही गुलामी में फँसे। दुनिया को हम अपने बालिश्त भर के पैमाने से ही नापते हैं। हम गुलाम हैं तो हम सारी दुनिया को वैसा ही मानते हैं। हम कंगाल हों तो मान लेते हैं कि सारे हिंदुस्तान की यही दशा है। वस्तुत: ऐसी बात नहीं है। फिर भी अपनी गुलामी को देश की गुलामी मानना ठीक ही है, पर हम ऊपर कही हुई बात को ध्यान में रखें तो यह समझ सकते हैं कि हमारी अपनी गुलामी चली जाये तो हिंदुस्तान की गुलामी भी गई हुई समझी जायेगी। इस विचार में आपको स्वराज्य की व्याख्या मिल जायेगी। अपने ऊपर अपना राज्य हो यही तो स्वराज्य है, और यह स्वराज्य तो अपने हाथ में ही है।

इस स्वराज्य को आप अपना न समझे। मन में स्वराज्य मानकर बैठ रहना स्वराज्य नहीं है। यह तो ऐसी चीज है कि एक बार उसका स्वाद चख लेने के बाद आप दूसरों को उसका आस्वादन कराने के लिए यावज्जीवन यत्न करते रहेंगे। पर मुख्य बात यह है कि यह स्वराज्य हर आदमी को स्वयं भोगना होगा। जो खुद डूब रहा हो वह दूसरे को क्या बचायेगा, तरनेवाला ही दूसरे को तार सकता है। हम खुद गुलाम रहते हुए दूसरों को गुलामी से छुड़ाने की बात कहें तो यह होनेवाली बात नहीं।

पर इतना काफी नहीं है। अभी इस विषय में और विचार करना होगा।

आपने इतना तो समझ ही लिया होगा कि अंग्रेजों को निकाल बाहर कर देना हम अपना लक्ष्य बनायें, यह जरूरी नहीं है। अंग्रेज हिंदुस्तान बनकर रहे तो हम उन्हें अपने में मिला सकते हैं।

हाँ, अगर वे अपनी सभ्यता के साथ यहाँ रहना चाहें तो हिंदुस्तान में उनके लिए जगह नहीं है। ऐसी स्थिति पैदा कर देना हमारे हाथ में है।

पा०–आप कहते हैं कि अंग्रेज हिंदुस्तानी बन जायें। यह तो अनहोनी-सी बात है।

सं०–यह कहना तो यह कहने जैसा है कि अंग्रेज आदमी नहीं हैं। और वे हम जैसे बनेंगे या नहीं इसकी चिंता ही हमें क्यों हो? हमें अपने घर की सफाई करनी चाहिए। फिर जो लोग उसमें रहने लायक होंगे वही रहेंगे, दूसरे अपने आप रास्ता लेंगे। यह अनुभव तो हर आदमी को हो चुका होगा।

पा०–इतिहास में तो ऐसा होने की बात कहीं देखने में नहीं आई।

सं०–जो इतिहास में नहीं है वह हो ही नहीं सकता, यह मानना तो मनुष्य को हीन पद देना है। जो बात अपनी बुद्धि में आती है उसे आजमाकर देखना चाहिए ही। हर देश की दशा एक-सी नहीं होती। हिंदुस्तान की स्थिति विचित्र है। उसका बल अतुल है, इसलिए दूसरे देशों के इतिहासों से हमारा थोड़ा ही लगाव है। यह मैं आपको बता ही चुका हूँ कि दूसरी सभ्यताएँ कब्र में सो गई पर भारत की सभ्यता को आँच न आई।

पा०–मुझे ये सारी बात ठीक नहीं लगती। इस बात में कम गुंजाइश है कि हमें अंग्रेजों को लड़ कर यहाँ से निकालना ही होगा। जबतक वे इस देश में बने हैं तबतक हमें चैन नहीं मिलने का। 'पराधीन सपनेहु सुख नाहीं' की सचाई प्रत्यक्ष है। अंग्रेजों के यहाँ रहने से हम दिन-दिन दुर्बल होते जा रहे हैं। हमारा तेज नष्ट हो गया है और हमारे देश के लोग डरे-घबराये हुए से दिखाई दे रहे हैं। अंग्रेज हमारे देश के लिए कालरूप हैं। उस काल को जैसे भी हो हमें यहाँ से बिदा करना ही होगा।

सं०–मेरी कही हुई सभी बातें आप आवेश में भूल गये। हम ही तो अंग्रेजों को यहाँ लाये और उन्हें टिकाये हुए हैं। आप इस बात को क्यों

भूल जाते हैं कि हमने उनकी सभ्यता को अपना लिया, इसीसे वे यहाँ रह सकते हैं। आपको उनसे जो नफरत है वह उनकी सभ्यता से होनी चाहिए। फिर भी थोड़ी देर के लिए हम मान लें कि हमें लड़कर उन्हें यहाँ से निकाल बाहर करना है। पर यह होगा कैसे?

पा०—वैसे ही जैसे इटली ने किया। मेजिनी (मात्सिनी) और गेरिबाल्डी (गारिबाल्दी) ने जो किया वह हम भी कर सकते हैं। वे महावीर, महापुरुष थे, इससे तो आप इनकार कर नहीं सकते।

15
इटली और हिंदुस्तान

सं०—आपने इटली की मिसाल खूब दी। मेजिनी महात्मा था, गरिबाल्डी भारी योद्धा था। दोनों पूजनीय थे, उनके चरित्र से हम बहुत-कुछ सीख सकते हैं। पर इटली की दशा से भारत की दशा भिन्न है।

पहले तो मेजिनी और गेरिबाल्डी में जो भेद था वह जान लेने की चीज है। मेजिनी का मनोरथ कुछ और था। वह जो चाहता था वह इटली में नहीं हुआ। मनुष्य के कर्तव्यों पर लिखते हुए उसने कहा है कि हरेक आदमी को स्वराज्य भोगना चाहिए—अपने ऊपर राज्य करना चाहिए। यह उसका सपना ही रहा मेजिनी और गेरिबाल्डी का मतभेद याद रखने की चीज है। गरिबाल्डी ने हरेक इटालियन को हथियार दिये और हरेक इटालियन ने हथियार बाँधे।

इटली और आस्ट्रिया सभ्यता का भेद न था। इस विषय में तो वे एक दूसरे के चचेरे या मौसेरे भाई थे। इटली की बात तो 'जैसे को तैसा' जैसी थी। गरिबाल्डी का मोह केवल यह था कि इटली को किसी तरह आस्ट्रिया के पंजे से छुड़ायें। इसके लिए उसने काबूर के जरिए जो कुचक्र रचे वे उसकी वीरता को बट्टा लगानेवाले हैं। और अंत में इसका नतीजा क्या रहा? अगर आप यह मानते हैं कि इटली में इटलीवालों का राज्य है, इसलिए इटली की जनता सुखी है तो मुझे आपको बता देना चाहिए कि आप अंधेरे में भटक रहे हैं। मेजिनी ने अपनी पुस्तकों में असंदिग्ध रूप

में दिखा दिया है कि इटली की बेड़ियाँ नहीं कटीं। इटली का विक्टर इमैन्युअल ने एक अर्थ किया, मेजिनी ने दूसरा। इमैन्युअल, काबूर और गेरिबाल्डी के मतानुसार इटली का अर्थ था इमैन्युअल अर्थात् इटली का राजा और उसके दरबारी। मेंजिनी के विचार से इटली की जनता–उसका कृषक वर्ग ही–इटली था। इमैन्युअल आदि तो महज उसके नौकर थे। मेंजिनी का इटली आज भी गुलाम है। जिसे राष्ट्रीय संग्राम कहते हैं वह दो बादशाहों के बीच होनेवाली शतरंज की बाजी थी। इटली के लोग तो महज उसके प्यादे थे। इटली के मजदूर आज भी दुःखी हैं, उनकी फरियाद सुननेवाला कोई नहीं। इसलिए वे लोग कत्ल करते हैं, बगावत करते हैं। तब आस्ट्रियन सेना के चले जाने से इटली का क्या लाभ हुआ? लाभ नाम का ही हुआ। जिन सुधारों के नाम पर संग्राम हुआ, वे सुधार नहीं हुए, जनता की दशा नहीं सुधरी?

हिंदुस्तान का हाल यही हो जाये यह इच्छा तो आपकी होगी ही नहीं। मैं तो मानता हूँ कि आपका विचार हिंदुस्तान के करोड़ों जनों को सुखी बनाने का है, न कि राजशक्ति अपने हाथ में लेने का। यह बात है तो हमें एक ही बात सोचनी पड़ेगी-हिंदुस्तान के लोग कैसे आजाद हो सकते हैं?

यह तो आप मानेंगे ही कि कितने ही देशी राज्यों में प्रजा बुरी तरह कुचली, दबाई जाती है। लोग निर्दयता के साथ सताये जाते हैं। राजाओं का जुल्म अंग्रेजों से बढ़ा हुआ है। ऐसा जुल्म आप हिंदुस्तान में भी चाहते हों तब तो मेरा आपका मेल कभी बैठने का नहीं। मेरी देशभक्ति मुझे यह नहीं सिखाती कि अंग्रेज यहाँ से चले जायें तो मैं देशी राज्यों की प्रजा पर ऐसा ही जुल्म होने दूँ। मुझमें दम होगा तो मैं भारतीय नरेशों के जुल्म का वैसा ही विरोध करूँगा जैसा अंग्रेजों के जुल्म का करूँगा। देश भक्ति का अर्थ मैं तो देश की भलाई समझता हूँ और अंग्रेजों के हाथों उसका हित होता हो तो मैं उनके आगे मत्था टेकने को तैयार हूँ। जो अंग्रेज कहे कि मैं हिंदुस्तान को आजाद करूँगा, जनता की सेवा करूँगा, उस अंग्रेज को हिंदुस्तानी की तरह ही गले लगाऊँगा।

फिर हिंदुस्तान इटली की तरह तभी लड़ सकता है जब उसके पास भी हरबा-हथियार हो। जान पड़ता है, इस पहाड़ खोदने-जैसे काम का आपने विचार ही नहीं किया। अंग्रेजों के पास गोला-बारूद का भंडार भरा है, इससे तो मुझे डर नहीं लगता। पर यह तो साफ ही है कि उन्हीं के हथियारों से उनका सामना करना हो तो हिंदुस्तान को हथियारबंद बनना ही होगा। यह मुमकिन हो तो इसके लिए कितने बरस दरकार होंगे? फिर सभी हिंदुस्तानियों से हथियार बँधवाने का अर्थ तो हिंदुस्तान को यूरोप की नकल बना देना होगा। ऐसा हुआ तो जो दुर्दशा आज यूरोप की है वही हिंदुस्तान की भी होगी। थोड़े में इसका मतलब यह हुआ कि हिंदुस्तान यूरोप की सभ्यता को अपना ले। यही होना हो तब तो यही अच्छा है कि जो लोग उस सभ्यता में कुशल हैं वहीं यहाँ बने रहें। हम उन्हीं से थोड़ा लड़-झगड़कर थोड़ा बहुत-हक हासिल कर लेंगे और दिन बितायेंगे।

पर सच्ची बात यह है कि हिंदुस्तान की जनता कभी हथियार न बाँधेगी, और न बाँधे यही ठीक भी है।

पा०-आप तो बहुत आगे बढ़ गये। सबके हथियार बाँधने की जरूरत ही नहीं है। पहले तो हम कुछ अंग्रेजों की हत्या कर आतंक उत्पन्न करेंगे। फिर जो थोड़े-से आदमी हथियारबंद हो चुके होंगे वे खुली लड़ाई करेंगे। इसमें पहले तो हमारे २०-२५ लाख आदमी जरूर करेंगे। पर अंत में हमारा देश हमारे हाथ में आ जायेगा। हम 'गोरिल्लायुद्ध' (छापा मारने की लड़ाई) करेंगे और अंग्रेजों को हरा देंगे।

सं०-आपका विचार तो भारत की पवित्र भूमिको राक्षसों का देश बना देने का-सा जान पड़ता है। हत्याएँ करके हिंदुस्तान को आजाद करने की बात सोचते हुए आपका कलेजा काँपता नहीं? खून तो हमें अपना ही करना चाहिए। हम नामर्द हो गये हैं, इसी से दूसरों को कतल करने की बात सोचते हैं, और ऐसे काम करके आप किसे आजाद करेंगे? हिंदुस्तान की जनता तो ऐसा कभी नहीं चाहती। आप जैसे लोग ही, जिन्होंने इस

अधम आधुनिक सभ्यता की भांग पी ली है, ऐसे विचारों के चक्कर में रहते हैं। खून-खराबी से जो स्वराज्य मिलेगा वह राष्ट्र को सुखी नहीं कर सकता। जो लोग समझते हैं कि धींगरा द्वारा की गई हत्या और हिंदुस्तान में हुए हत्याकांडों से देश का लाभ हुआ है वे भारी भूल करते हैं। धींगरा को मैं देश-भक्त मानता हूँ, पर उसकी देशभक्ति अंधी थी। उसने गलत रास्ते से अपने शरीर की बलि चढ़ाई। इससे अंत में वह हानिकर ही होगी।

पा०—पर आपको इतना तो मानना ही होगा कि अंग्रेज इन हत्याओं से डर गये हैं, और लार्ड मारले ने जो कुछ दिया है वह इसी डर से दिया है।

अंग्रेज डरपोक हैं तो बहादुर भी हैं। यह मैं मानता हूँ कि उनपर गोला-बारूद का असर तुरंत होता है। हो सकता है न जो सुधार दिये हैं वे डर से ही दिये गये हों। पर डर से मिली हुई चीज तभी तक रहती है जबतक वह डर बना रहे।

पंजाब युवक मदनलाल धींगरा ने जुलाई १९०९ में लंदन में कर्नल सर कर्जन वाइली को गोली का निशाना बनाया था। उसे फाँसी की सजा मिली।—अनु०

16

शस्त्र-बल

पा०—यह तो आप कुछ विचित्र-सी बात कह रहे हैं कि डर से मिली हुई चीज तभी तक टिक सकती है जबतक डर बना हो। मिला सो मिला, उसमें फिर क्या फेरफार हो सकता है?

सं०—ऐसी बात नहीं हैं। १८५८ की घोषणा गदर के बाद लोक-शांति के लिए की गई थी। जब शांति हो गई तब उसका अर्थ बदल गया। अगर मैं सजा के डर से चोरी नहीं करता तो जब सजा का डर न रहेगा तब फिर मेरा मन चोरी करने का होगा, और मैं चोरी करूँगा। यह तो बिल्कुल आम अनुभव है, जिससे इनकार नहीं किया जा सकता। हमने यह जान रखा है कि डरा धमकाकर लोगों से काम लिया जा सकता है। इसी से हम ऐसा करते आये हैं।

पा०—क्या आपको यह नहीं दिखाई देता कि यह कहकर आप अपनी ही बात का खण्डन कर रहे हैं? यह तो आपको कबूल करना ही होगा कि अंग्रेजों ने खुद भी अपने देश में जो कुछ प्राप्त किया है वह मार-काट मचाने से ही मिला है। आप यह कह चुके हैं कि जो कुछ उन्हें मिला वह निकम्मा है। यह बात मुझे याद है। पर इससे मेरी दलील नहीं कटती। उन्होंने बेकार चीजें लेनी चाहीं, उन्हें वे मिलीं। कहने का मतलब यह है कि उन्हीं की कामना फली, वह जो चाहते थे वहीं उन्हें मिला। किन साधनों से उन्होंने उसे प्राप्त किया इसकी चिंता क्यों की जाये?

हमारा उद्देश्य अच्छा हो तो किसी भी साधन से, मार-काट करके भी, उसे क्यों न प्राप्त करें? मेरे घर में चोर घुस आये तो उस वक्त क्या मैं साधनों का विचार करूँगा? उस वक्त तो मेरा धर्म यही होगा कि जैसे भी बने उसको घर से बाहर करूँ।

जान पड़ता है, इस बात को आप भी मानते हैं कि अर्जी प्रार्थना से हमें न कुछ मिला है, न मिलेगा। तब मारकर क्यों न लें? जो कुछ मिलेगा उसे अपने कब्जे में रखने के लिए मारपीट का डर, जितना जरूरी होगा, सदा बनाये रखेंगे। बच्चा आग में पाँव डालता हो तो उसे इससे रोकने के लिए हम ज़ोर दबाव से काम लेते रहें, इसमें तो आप भी दोष न मानते होंगे। हमें तो जैसे भी हो अपना कार्य सिद्ध करना है।

सं०—आपकी दलील सुनने में तो ठीक लगती है, पर वह बहुतों को ठग चुकी है। पहले मैं भी ऐसी दलीलें दिया करता था। पर अब मेरी आँखें खुल गई हैं और मैं अपनी भूल को देख सकता है। आपको भी उसे दिखाने की कोशिश करूँगा।

पहले इस बात को ही लें कि अंग्रेजों ने जो कुछ पाया वह मार-काट से ही पाया है, इसलिए हमें भी वही करके अपना अभीष्ट सिद्ध करना चाहिए। यह बात तो सही है कि अंग्रेजों ने मारकाट की और हम भी कर सकते हैं। पर उससे जो चीज उन्हें मिली वही हम भी पा सकते हैं। और यह तो आप कबूल करेंगे ही कि हमें वह नहीं चाहिए।

आप साधन और साध्य में कोई लगाव नहीं मानते, यह बहुत बड़ी भूल है। इसी भ्रम में पड़कर धर्मिष्ठ समझे जानेवाले मनुष्यों ने भी घोर कर्म किये हैं। यह तो बबूल बोकर आम खाने की इच्छा रखने जैसा है। मुझे समुद्र पार करना हो तो इसके लिए मुझे जहाज का ही सहारा लेना होगा। बैलगाड़ी को पानी में उतारूँ तो गाड़ी और मैं दोनों को जल समाधि मिलेगी। 'जैसे देवता वैसी पूजा' की कहावत विचारने योग्य बात है। साधन बीज है। साध्य वृक्ष। अतः जो संबंध बीज और वृक्ष में है वही साधन और साध्य में भी है। शैतान को भजकर मैं ईश्वर-भजन का फल

पाना चाहूँ तो यह होनेवाली बात नहीं। इसलिए कोई यह कहे कि मुझे तो भगवान् को भजना है, इसका साधन भले ही शैतान का हो, तो यह उसका निरा अज्ञान होगा। "जैसी करनी वैसी भरनी, तैसी पार उतरनी।" अंग्रेजों ने दंगा-फसाद करके १८३३ ई० में वोट का हक पहले से बढ़वा लिया, पर मार-पीट से काम लेकर क्या वे अपने कर्तव्य को कुछ अधिक समझ सके? वे वोट का अधिकार चाहते थे, वह मार-झगड़े से मिल गया। पर सच्चा अधिकार तो कर्तव्य-पालन का फल होता है, वह उन्हें नहीं मिला। नतीजा यह हुआ कि आज सभी हक के लिए हाय तोबा मचा रहे हैं, फर्ज की किसी को याद ही नहीं पाती। और जहाँ सभी हक-हक की रट लगा रहे हों वहाँ कौन किसको दे? मेरे कहने का मतलब यह नहीं है कि वे किसी भी कर्तव्य का पालन करते ही नहीं। मेरा कहना इतना ही है कि जो अधिकार वे चाहते थे उनके साथ लगे हुए कर्तव्यों का पालन उन्होंने नहीं किया। उन अधिकारों की योग्यता उन्होंने नहीं प्राप्त की, इसलिए उनके अधिकार उनकी गरदन पर का जुआ बन रहे हैं। अर्थात् उन्होंने जो कुछ पाया वह उनके साधनों का ही फल है। उन्हें जो चाहिए था उसके अनुरूप ही साधनों से उन्होंने काम लिया।

मुझे आपकी घड़ी आपसे छीन लेनी हो तो निश्चय ही मुझे आपके साथ लड़ाई करनी होगी। पर मैं उसे खरीदना चाहूँ तो मुझे आपको उसके दाम देने होंगे। और अगर मुझे बख्शिश या दान के रूप में उसे प्राप्त करना हो तो मुझे आप से आजिजी करनी होगी। घड़ी को पाने के लिए मैं जो साधन काम में लाऊँ उसी के अनुसार वह चोरी का माल, मेरी अपनी चीज या दान में प्राप्त वस्तु होगी। तीन साधनों के तीन अलग-अलग फल हुए। तब आप कैसे कह सकते हैं कि साधन की परवाह हमें नहीं करनी चाहिए?

अब चोर को निकाल बाहर करने की मिसाल को लें। आपके इस विचार से सहमत नहीं कि चोर को निकालने के लिए हम चाहे जिस साधन से काम ले सकते हैं। मेरा बाप मेरे घर में चोरी करने आये तो मैं

एक साधन से काम लूँगा। कोई जान पहचान वाला आये तो उस साधन को काम में न लाऊँगा, और अगर चोर कोई बिल्कुल अजनबी आदमी हो तो तीसरा साधन काम में लाऊँगा। आप शायद यह भी कहें कि अगर वह यूरोपियन हो तो एक साधन काम में लाया जायेगा, हिंदुस्तानी हो तो दूसरा। फिर अगर कोई मरियल छोकरा चोरी करने आया होगा तो हम जुदा साधन व्यवहार करेंगे और कोई अपनी बराबरी वाला होगा तो जुदा। और अगर कहीं वह हथियारबंद चोर बलवान हुआ तब तो मैं दम खींचकर पड़ा ही रहूँगा। इस तरह बाप से लगाकर बली चोर तक के बीच हम भिन्न-भिन्न साधनों से काम लेंगे। मैं सोचता हूँ कि चोर मेरा बाप हो तो भी मैं सोया रहूँगा और वह हरबा-हथियार बाँधे बलवान व्यक्ति हो तब भी। बल बाप में भी है और हथियारबंद आदमी में भी। दोनों बल से हार मानकर मैं अपनी चीज को चले जाने दूँगा। बाप के बल से मैं उसपर तरस खाकर रोऊँगा। शस्त्रधारी का बल मेरे मन में रोष जगायेगा और हम एक दूसरे के कट्टर दुश्मन हो जायेंगे। ऐसी विषम स्थिति है। इन उदाहरणों से शायद हम साधन के विषय में एकमत न हो सके। मुझे तो इन सभी चोरों के विषय में अपना कर्तव्य साफ दिखाई दे रहा है। पर मुमकिन है, इस इलाज से आप चौंके, इसलिए इसे आपके सामने नहीं रखता। आप उसे समझ सकते हैं और न समझे तब भी इतना तो स्पष्ट है कि हर मामले में आपको जुदे साधन से काम लेना होगा। यह तो आपने देख ही लिया कि चोर को निकालने के लिए चाहे जो साधन काम में नहीं लाया जा सकता। जैसी स्थिति होगी वैसे साधन से काम लेना होगा और जैसा साधन होगा उसी के अनुरूप फल भी होगा। आपका धर्म चोर को जैसे भी बने निकाल बाहर करना नहीं है।

थोड़ा आगे बढिए। वह हथियारबंद आदमी आपकी चीज चुरा ले गया। आपके मन में इसकी याद बनी है और उस आदमी पर गुस्सा है। आप सोचते हैं कि अपने लिए नहीं दुनिया की भलाई के लिए उस दुष्ट को दंड देना ही चाहिए। आपने कुछ आदमी इकट्ठा किये और उसके घर पर चढ़ गये। उसे खबर मिल गई और वह घर से भाग गया। अब उसे

भी गुस्सा आया। उसने दूसरे लुटेरों को इकट्ठा किया और दिनदहाड़े आपका घर लूट लेने की धमकी दी। आप बलवान हैं, इससे डरते नहीं और अपनी तैयारी में लग जाते हैं। इस बीच लुटेरे आपके पड़ोसियों को सताते हैं। वे आपसे शिकायत करते हैं। आप कहते हैं–"मैं आप लोगों के लिए ही तो यह सब कर रहा हूँ। मेरा माल जो गया उसकी तो कुछ बिसात न थी।" पड़ोसी कहते हैं–"पहले तो वह हमें नहीं लूटता था, आपने उसके साथ लड़ाई शुरू की तभी से उसने यह उपद्रव प्रारंभ किया है।" अब आपकी गति सांप-छछूंदर की सी हो गई। गरीबों पर आपकी दया है। उनकी बात भी सच्ची है। तब किया क्या जाय? लुटेरों को छोड़ दें? इसमें तो आपकी नाक कटती है और प्रतिष्ठा सभी को प्यारी होती है। अतः आप उन गरीबों से कहते हैं–"कुछ परवाह नहीं। भाइयों, मेरा धन आपका ही तो है, मैं आप लोगों को हथियार देता हूँ और उन्हें चलाना सिखाता हूँ। उनसे आप उस बदमाश को मारें, छोड़ें हर्गिज नहीं। यों लड़ाई बढ़ी; लुटेरे बढ़े; लोगों ने एक मुसीबत मोल ले ली। चोर से बदला लेने का फल यह हुआ कि रोजा बख्शवाने गये, नमाज गले पड़ी। जहाँ शांति थी वहाँ अशांति हो गई, पहले तो मौत आने पर ही मरते थे, अब मौत सदा सिरपर नाचने लगी। हिम्मतवाले हिम्मत हार देनेवाले हो गये। आप धीरज के साथ दृष्टांत पर विचार करें तो देखेंगे कि मैंने इसमें कोई बात बढ़ाकर नहीं कही है।

यह हुआ एक साधन। अब दूसरे पर विचार करें। चोर को आपने अज्ञान समझा और सोचा कि कभी मौका मिला तो उसे समझाऊँगा। आखिर वह भी तो आदमी ही है। उसने किस लिए चोरी की, इसका मुझे क्या पता। इसलिए अच्छा रास्ता यही है कि जब वक्त आये तब उसके भीतर से चोरी का बीज ही दूर कर दूँ। आपके मन में यह मंथन चल ही रहा था कि इतने में वह भाई साहब फिर चोरी करने पहुँचे। पर आपको उसपर गुस्सा न आया बल्कि उसपर दया आई। आपने सोचा यह आदमी तो रोगी है–चोरी की लत इसका मर्ज है। अतः सब खिड़की-दरवाजे खोल दिये, अपने सोने की जगह बदल दी और चीज-वस्तु को इस तरह

बिखेर दिया कि वह झट उठा ले जाये। चोर आया और यह नई बात देखकर उलझन में पड़ गया। माल तो वह ले गया, पर उसके अंतर में मंथन चलने लगा। उसने गाँव में आपके बारे में पूछताछ की। उसे आपकी दयालुता का पता लगा। उसे अपनी करनी पर पछतावा हुआ। उसने आपके पास आकर माफी माँगी, आपकी चीजें लौटा दीं और चोरी का पेशा छोड़ दिया। वह आपका सेवक बन गया और आपने उसे किसी अच्छे धंधे में लगा दिया। यह दूसरा साधन है।

इस तरह आप देख रहे हैं कि विभिन्न साधनों का फल एक दूसरे से सर्वथा भिन्न होता है। इस मिसाल से मैं यह साबित करना नहीं चाहता कि सभी चोर ऐसा ही करेंगे या सबमें आपके जैसा ही दया भाव होगा। मैं तो इतना ही दिखाना चाहता हैं कि अच्छे फल पाने के लिए अच्छे ही साधन होने चाहिए। और सदा नहीं तो अधिकांश अवस्थाओं में दया और प्रेम का बल शस्त्र-बल से अधिक शक्तिशाली सिद्ध होता है। हथियार उठाने में तो हानि है, पर दया करने में कभी कोई हानि नहीं होती।

अब अरजी–प्रार्थना की बात लीजिए। यह बात पक्की है कि जिस अर्जी के पीछे कोई बल न हो वह बेकार है। फिर भी स्वर्गीय जस्टिस रानाडे कहा करते थे कि अर्जियाँ लोक-शिक्षा का साधन है। उनसे लोगों को अपनी स्थिति का ज्ञान होता है और शासकों को चेतावनी मिलती है। इस दृष्टि से देखें तो अर्जी प्रार्थना बिल्कुल बेकार चीज नहीं है। बराबरी का आदमी प्रार्थनापत्र भेजे तो वह उसकी विनय की और कोई गुलाम भेजे तो उसकी गुलामी की निशानी है। अर्जी के पीछे बल हो तो वह बराबर वाले की दरख्वास्त है और अपनी माँग को प्रार्थना के रूप में पेश करना उसकी कुलीनता का प्रमाण है।

प्रार्थना के पीछे दो तरह का बल होता है। एक तो यह कि 'न दोगे तो तुम्हारा सिर तोड़ दूँगा।' यह हरबे-हथियार का बल है। इसके कुपरिणाम हम गिना चुके। दूसरा बल यह है कि आप हमारी अर्जी मंजूर न करेंगे तो हम आपके यहाँ अर्जी गुजारने वाले न रहेंगे। आप हमारे

बादशाह तभी तक होंगे जबतक हम आपके यहाँ अर्जी देनेवाले बने हों। अब आपसे हमारा कोई वास्ता न होगा। इस बल को आप प्रेमबल, आत्मबल या सत्याग्रह कह सकते हैं। यह बल अविनाशी है और जो आदमी इस बल से काम लेता है उसे अपनी स्थिति का पूरा पता होता है। हमारे पुरखों ने ठीक ही कहा है कि "एक ना सौ रोगों की दवा है।" यह 'ना' करने का बल जिसके पास है, हथियार का बल उसका कुछ बिगाड़ नहीं सकता।

आग में पाँव डालनेवाले बच्चे को रोकने की मिसाल तो ऐसी है कि उसपर विचार किया जाये तो आपको हार मान लेनी होगी। आप बच्चे को किस तरह रोकेंगे? मान लीजिए, वह इतना ज़ोर लगा सकता है कि आपको हराकर आग में गिर जाये, कूदने से रोका ही नहीं जा सकता। अब आपके लिए दो ही रास्ते रह जाते हैं या तो आग में कूदने से रोकने के लिए आप उसकी जान ले लें, या उसे आग में गिरते आप नहीं देख सकते इसलिए अपनी जान दे दें। बच्चे के प्राण तो आप ले ही नहीं सकते। हाँ, यह हो सकता है कि आप में दयाभाव पूरा न हुआ तो आप अपनी जान भी न दें। तब आप लाचार होकर बच्चे को आग में जाने देंगे। इस तरह आप बच्चे पर हथियार नहीं उठाते। आप बच्चे को दूसरी तरह रोक सकते हों तो रोकें। पर यह न मान लें कि तब भी वह हथियार का ही बल है, जो कुछ हलकी किस्म का है। यह बल तो दूसरे ही प्रकार का है, और उसे समझना अभी बाकी है।

फिर बच्चे को रोकने में आप केवल बच्चे के हित का विचार करते हैं। जिसपर आप अंकुश रखना चाहते हैं उसी के भले के लिए रखेंगे। यह मिसाल अंग्रेजों पर नहीं लगती, अंग्रेजों के खिलाफ हथियार उठाने में तो आप अपना ही अर्थात् अपने राष्ट्र का हित देखते हैं। उसमें दया या प्रेम की छुलाई भी नहीं है। अगर आप यह कहें कि अंग्रेज बुरा कर्म करते हैं, इसलिए वे प्राग हैं और वे आग में अज्ञानवश गिरते हैं, मैं दया से प्रेरित होकर अज्ञानी अर्थात् बच्चे को बचाना चाहता हूँ, तो फिर जहाँ

कहीं कोई बुरा काम करता हो वहाँ आपको यह उपाय आजमाने के लिए पहुँचना और बच्चे की जान के बदले अपनी जान देनी होगी। इतना पुरुषार्थ करने की हिम्मत रखते हों तो आप खुदमुख्तार हैं। पर है यह अनहोनी बात।

17

सत्याग्रह या आत्मबल

पा०–आप जिस सत्याग्रह या आत्मबल की बात कहते हैं उसकी सफलता का कोई ऐतिहासिक प्रमाण भी है? एक भी राष्ट्र इस बल से ऊपर उठा हो, यह बात आजतक देखने में नहीं आई। मुझे तो आज भी ऐसा लगता है कि दुष्टजन मार के उपचार के बिना सीधे नहीं रह सकते।।

सं०–गोस्वामी तुलसीदासजी ने कहा है–

दया धर्म का मूल है, पाप-मूल अभिमान।
तुलसी दया न छोडिए जबतक घट में प्रान।।

मुझे तो यह पद शास्त्र-वचन-सा जान पड़ता है। दो और दो के मिलकर चार होने पर मुझे जितना विश्वास है उतना ही विश्वास इस दोहे के सत्य होने पर भी है। दया अथवा प्रेम का बल ही आत्मबल है, वही सत्याग्रह है और इस बल का प्रमाण तो हमें पग पग पर मिलता है। यह बल न होता तो धरा कब की रसातल पहुँच गई होती। पर आप तो इतिहास का प्रमाण माँगते हैं, इसलिए पहले हमें यही जान लेना होगा कि इतिहास कहते किसे हैं?

इतिहास का शब्दार्थ तो है–'ऐसे हुआ' (इतिहास)। इतिहास का आप अर्थ करें तब तो आपको सत्याग्रह के पचासों प्रमाण दिये जा सकते हैं। पर अगर वह अंग्रेजी शब्द 'हिस्ट्री' का, जिसका अर्थ 'बादशाहों की

तवारीख है' उलथा है, तो उसमें सत्याग्रह का प्रमाण नहीं मिल सकता। जस्ते की खान में आप चाँदी ढूढ़े तो कैसे मिलेगी? 'हिस्ट्री में तो दुनिया के हंगामों की ही कहानी मिलेगी। इसी से अंग्रेजों में यह कहावत है कि जिस राष्ट्र की 'हिस्ट्री' नहीं है–अर्थात् जहाँ हंगामे नहीं हुए वह राष्ट्र सुखी है। 'हिस्ट्री' में तो यही मिलेगा कि राजा कैसे खेलते, कैसे खून–कतल करते और कैसे बैरपालते हैं। अगर यही इतिहास हो, दुनिया में इतना ही हुआ होता, तब तो दुनिया कब की डूब गई होती। दुनिया की कहानी अगर युद्ध से ही आरंभ हुई होती तो अबतक एक भी आदमी जिंदा न होता। जिन जातियों ने युद्ध को ही जीवन का धर्म माना उनकी यही गति हुई। आस्ट्रेलिया के हब्शियों का नाश ही हो गया। आस्ट्रेलिया पर दखल जमाने वाले गोरों ने उनमें से शायद ही किसी को जिंदा छोड़ा हो। याद रहे कि जिन लोगों की जड़ इस तरह उखड़ गई वे सत्याग्रही न थे। जो जिंदा रहेंगे वे देखेंगे कि आस्ट्रेलिया के गोरों की भी एक दिन यही गति होगी। अंग्रेजों में यह कहावत है कि "तलवार पकड़ने वाले की मौत तलवार से ही होती है " हमारे यहाँ भी यह कहावत बन गई है कि "तैराक की मौत पानी में ही आती है।"

दुनिया में आज भी जो इतने अधिक मनुष्य विद्यमान हैं यह तथ्य ही हमें बताता है कि विश्व का विधान शस्त्र–बल पर नहीं बल्कि सत्य, दया या आत्मबल पर आश्रित है। आत्मबल की सफलता का सबसे बड़ा ऐतिहासिक प्रमाण तो यही है कि इतने युद्धों–हंगामों के होते हुए भी दुनिया अबतक कायम है। यह इस बात का सबूत है कि युद्धबल के बजाय कोई और बल उसका आधार है।

हजारों बल्कि लाखों आदमी आपस में मेल–मुहब्बत से रहकर ही जिंदगी गुजारते हैं। करोड़ों कुटुंबों के झगड़ें–टंटे प्रेम के प्रभाव से मिट जाते हैं। सैकड़ों जातियाँ आपस में मिल–जुलकर रहती हैं, पर 'इतिहास' (हिस्ट्री) इसका 'नोटिस' नहीं लेता, ले सकता भी नहीं। दया, प्रेम या सत्य का प्रवाह जब कहीं अटकता, टूटता है तभी इतिहास में उसका

उल्लेख होता है। दो भाई आपस में लड़े। एक ने दूसरे के सामने सत्याग्रह किया। पीछे दोनों फिर मिल-जुलकर रहने लगे। इसकी 'नोटिस' कौन लेता है? अगर वकीलों की मदद से या दूसरे कारणों से दोनों में बैरभाव बढ़ता, वे हथियारों या अदालतों की मदद लेकर लड़ते (अदालतें भी एक प्रकार का हथियार, शरीर-बल है) तो उनका नाम अखबारों में छपता। आस पड़ोस वाले उनकी चर्चा करते और शायद इतिहास भी उनका जिक्र कर देता। कुटुंबों, जमायतों और संघों पर जो बात घटित होती है वही राष्ट्र पर भी होती है। कुटुंब के लिए एक नियम हो और राष्ट्र के लिए दूसरा, यह मानने के लिए कोई कारण नहीं मिलता। इस प्रकार 'इतिहास' में अस्वाभाविक-स्वाभाविक क्रम को भंग करनेवाली घटनाओं का ही उल्लेख होता है। सत्याग्रह स्वाभाविक वस्तु है, इसलिए इतिहास में उसके उल्लेख की आवश्यकता नहीं होती।

पा०—आपके कहने के अनुसार तो जान पड़ता है कि सत्याग्रह का उदाहरण इतिहास में मिल ही नहीं सकता। इस सत्याग्रह को थोड़ा विस्तार से समझाने की जरूरत है, इसलिए आप जो कुछ कहना चाहते हैं उसे जरा खोलकर समझा दें तो अच्छा हो।

सं०—सत्याग्रह या आत्मबल को अंग्रेजी में 'पैसिव रेजिस्टेंस' कहते हैं। यह शब्द उस तरीके के लिए व्यवहार किया गया है जिसमें अपने हक पाने के लिए लोगों ने खुद कष्ट उठाया है। यह शस्त्र-बल का उलटा है। मुझे जो काम पसंद न हो उसे मैं न करूँ तो मैं सत्याग्रह या आत्मबल से काम लेता हूँ। मिसाल के लिए मान लीजिए सरकार ने एक कानून बनाया जो मुझ पर 'लागू' होता है। वह मुझे पसंद नहीं है। अब अगर मैं सरकार पर हमला कर के उसे वह कानून रद्द करने को मजबूर करूँ तो मैंने शरीर बल से काम लिया। पर मैं उस कानून को मंजूर ही न करूँ, और उसे न मानने की जो सजा मिले उसे खुशी से भुगत लूँ, तो मैंने आत्मबल से काम लिया अथवा सत्याग्रह किया। सत्याग्रह में अपनी ही बलि देनी होती है।

इस बात को तो सभी स्वीकार करेंगे कि पर-बलि से आत्म-बलि कहीं ऊँची चीज है। फिर सत्याग्रह की लड़ाई अगर न्याय संगत न हो तो केवल लड़नेवाले को ही कष्ट उठाना पड़ता है। यानी अपनी भूल की सजा वह खुद भुगतता है, दूसरों को उसका दंड नहीं भोगना पड़ता। ऐसी घटनाएँ कितनी ही हो चुकी हैं, जिनमें लोग नाहक दूसरों से लड़े-झगड़े। कोई भी आदमी निश्शंक होकर नहीं कह सकता कि अमुक काम खराब ही है। पर जबतक वह उसे खराब लगता है तबतक उसके लिए तो वह खराब ही है। ऐसी दशा में वह काम न करना और इसके बदले में जो दुःख मिले उसे भोग लेना यही सत्याग्रह की कुँजी है।

पा०—तब तो आप कानून को तोड़ रहे हैं। यह तो राजद्रोह है। हम लोग तो सदा कानून-पालक प्रजा माने गये हैं। आप तो 'एक्सट्रीमिस्टों' (गरम दलवालों) से भी दो कदम आगे जाते हुए दिखाई देते हैं। 'एक्सट्रीमिस्ट' तो यही कहते हैं कि जो कानून बन चुका है उसका पालन तो हमें करना ही चाहिए। पर कानून खराब हो तो बनानेवाले को मारकर निकाल दो।

सं०—मैं उनसे आगे जाता हूँ या पीछे रहता हूँ, इससे तो आपको या मुझे कोई मतलब नहीं। हमें तो क्या ठीक है, इसी की खोज करनी है और उसके अनुसार चलना है।

कानून-पालक प्रजा होने का सच्चा अर्थ यह है कि हम सत्याग्रही प्रजा हैं। कोई कानून हमें पसंद न आये तो हम कानून बनाने वाले का सिर नहीं फोड़ते, बल्कि उसे रद्द कराने के लिए उसे तोड़ते और इसकी सजा भुगतते हैं। कानून अच्छा हो या बुरा, हमें उसे मानना ही चाहिए, यह अर्थ तो आज-कल का मालूम होता है। पहले तो लोग जिस कानून को जी चाहे तोड़ते और उसकी सजा भोग लेते थे।

जो कानून हमें अच्छे न लगते हों उन्हें मानने की शिक्षा तो हमारी मर्दानगी को बट्टा लगानेवाली है, धर्म-विरुद्ध है और गुलामी की हद है। सरकार कहे कि नँगे होकर नाचो तो क्या हम वैसा करेंगे। अगर मैं

सत्याग्रही हूँ तो मैं सरकार से कहूँगा "इस कानून को अपने घर रखिये, मैं आपके सामने नँगा होने वाला नहीं, नाचने वाला भी नहीं। पर हम तो ऐसे असत्याग्रही हो गये हैं कि सरकार के हुक्म पर नँगा होकर नाचने से भी ज्यादा जलील काम कर डालते हैं।"

जो आदमी अपने मनुष्यत्व को समझता है, जो ईश्वर से डरता है, वह और किसी को नहीं डरता। मनुष्य के बनाये कायदे कानून को मानना उसपर फर्ज नहीं होता। खुद सरकार भी यह नहीं कहती कि "तुम्हें यह करना ही होगा।" वह कहती है कि "तुम यह करोगे तो तुम्हें सजा मिलेगी।" अपनी गिरी हुई दशा में हम यह मान लेते हैं कि कानून जो कहता है उसे करना हमारा फर्ज है, धर्म है। अगर लोग एक बार यह समझ लें कि जो कानून हमें अन्यायकर जान पड़े उसको मानना नामर्दी है तो फिर किसी का ज़ोर-जुल्म हमें बाँधने में समर्थ नहीं हो सकता। यह स्वराज्य की कुँजी है।

यह मानना नास्तिकपन और वहम है कि बहुसंख्यक की बात अल्पसंख्यक को माननी ही चाहिए। ऐसी मिसालें हजारों मिलेंगी जिनमें बहुतों की कही हई बात गलत और थोड़ों की कही हई बात ही सही साबित हुई है। दुनिया में जितने भी सुधार हुए हैं सभी थोड़े-से आदमियों की कोशिशों से हुए हैं, जिन्होंने बहुतों के विरोध का सामना करते हुए उनके लिए यत्न किया। ठगों के गाँव में अधिकांश जन तो यही कहेंगे कि ठगविद्या सीखनी ही चाहिए। तो क्या साधु पुरुष भी ठग बन जाये? हर्गिज नहीं। अन्यायकारी कानून को भी मानना, पालना हमपर फर्ज है, यह वहम जबतक हमारे दिमाग से दूर जाने वाली नहीं और केवल सत्याग्रही ऐसे वहम को दूर कर सकता है।

शरीरबल, गोला-बारूद से काम लेना सत्याग्रह के सिद्धांत का विरोधी है। उसका अर्थ यह है कि जो बात हमें पसंद हैं उसे हम विपक्षी से जबर्दस्ती करना चाहते हैं। यह जबर्दस्ती जायज हो तो फिर उसे भी हक है कि हमसे अपना कहा कराने के लिए हथियार की ताकत से काम

ले। इस तरह तो हमारी नाव कभी घाट पर न पहुँचेगी। तेली के बैल की तरह आँख पर पट्टी बंधी होने से हम यह भले ही समझे कि हम आगे बढ़ रहे हैं,पर वास्तव में तो हम उस बैल की तरह कोल्हू का ही चक्कर काटते रहते हैं। जो लोग यह मानते हों कि अपने को न रुचनेवाले कानून को मानना इंसान पर फर्ज नहीं है उन्हें तो चाहिए कि सत्याग्रह को ही सच्चा साधन समझे, नहीं तो परिणाम अति विषम होगा।

पा०—आप जो कुछ कहते हैं उसका अर्थ मुझे यह जान पड़ता है कि सत्याग्रह कमज़ोरों के लिए बहुत अच्छा साधन है, पर कमज़ोर जब बलवान हो जाये तब तोप-बंदूक से काम ले सकते हैं।

सं०—यह तो आपने बड़ी नासमझी की बात कही। सत्याग्रह तो सर्वोपरि है। वह तोप-बंदूक के बल से अधिक काम करता है। फिर वह कमज़ोर का हथियार कैसे माना जा सकता है? सत्याग्रह के लिए जिस हिम्मत और मर्दानगी की जरूरत होती है वह तोप-बंदूक का बल रखने वाले के पास हो ही नहीं सकती। क्या आप यह मानते हैं कि निर्बल मनुष्य उसे ठीक न लगनेवाले कानून को तोड़ सकता है? गरम दलवाले शस्त्रबल के हिमायती समझे जाते हैं। वे कानून की बात क्यों कहते हैं? मैं उन्हें दोष नहीं देता। उनसे दूसरी बात हो ही नहीं सकती। अंग्रेजों को निकालकर जब वे राज करेंगे तब वे भी हमसे आपसे अपने कानून मनवाना चाहेंगे। उनकी नीति के लिए यही ठीक भी है। पर सत्याग्रही तो यही कहेगा कि जो कानून, मुझे ठीक नहीं जान पड़ता उसे मैं न मानूँगा। भले ही इस अपराध के लिए मैं तोपदम कर दिया जाऊँ।

आप क्या मानते हैं? तोप दागकर सैकड़ों को मार डालने में हिम्मत की जरूरत है या हँसते हुए तोप के मुँह के सामने जाकर खड़े हो जाने में? जो अपनी मौत को सिर पर लिये घूमता है वह रणधीर है या जो दूसरों की मौत अपनी मुट्ठी में रखता है?

नामर्द कभी सत्याग्रही हो ही नहीं सकता, इसे पक्का समझिए। हाँ, यह सही है देह से दुबला-पतला आदमी भी सत्याग्रही हो सकता है।

सत्याग्रह एक आदमी भी कर सकता है और लाखों आदमी मिलकर भी। सत्याग्रही को फौज़ खड़ी करने की जरूरत नहीं पड़ती। कुश्ती की कला सीखने की जरूरत भी नहीं होती। उसने अपने मन को वश में किया कि फिर वनराज सिंह की तरह दहाड़ सकता है और उसकी गर्जना जो लोग उसके दुश्मन बने बैठे हों उनका कलेजा कँपा देती है।

सत्याग्रह ऐसी तलवार है जिसके सभी ओर धार है, उसे जैसे चाहें काम में ला सकते हैं। उससे काम लेने वाला और जिस पर वह काम में लाई जाये दोनों सुखी होते हैं। वह खून नहीं बहाती, पर काट गहरी करती है। उसपर जंग नहीं लगता, न कोई उसे चुरा ही सकता है। सत्याग्रही को किसी का मुकाबला करना पड़े तो वह इसमें थकता नहीं। सत्याग्रही की तलवार को म्यान की जरूरत नहीं होती। उसे कोई छीन भी नहीं सकता। फिर भी आप सत्याग्रह को कमज़ोर हथियार, मानें तो यह शुद्ध अंधेर ही होगा।

पा०—आप कहते हैं कि सत्याग्रह हिंदुस्तान का खास हथियार है। तो क्या हिंदुस्तान में तोप-बंदूक से कभी काम नहीं लिया गया?

सं०—जान पड़ता है, आप मुट्ठीभर राजा-महाराजों को ही हिंदुस्तान मानते हैं। पर मेरी समझ से तो हिंदुस्तान के मानी उसके करोड़ों किसान हैं, जो राजा-नवाब और हम सबके अस्तित्व का आधार हैं।

राजा-बादशाह तो हथियार से काम लेंगे ही। उनकी तो वह रीति ही हो गई है। उन्हें तो हुक्म चलाना है। पर हुक्म बजाने वाले को तोप-बंदूक की जरूरत नहीं पड़ती, और दुनिया का बड़ा भाग हुक्म बजाने वाला ही है। आज्ञा पालकों को या तो शस्त्रबल से काम लेना सीखना होगा या आत्मबल से काम लेना। जहाँ उन्हें शस्त्रबल की शिक्षा दी जाती है वहाँ राजा-प्रजा दोनों पागल-से हो जाते हैं। पर जहाँ हुक्म बजाने वालों को आत्मबल से काम लेने की शिक्षा मिली हो वहाँ राजा का जुल्म उसकी तीन हाथ की तलवार से आगे नहीं जा सकता, क्योंकि सच्चे आदमी अन्यायकृत आज्ञा की परवाह नहीं करते। किसान किसी की तलवार के वश न हुए और न होनेवाले हैं। उन्हें न तलवार चलाना आता है और न

दूसरों की तलवार से वे डरते हैं। वह राष्ट्र महान है जो सदा मौत को तकिया बनाकर सोता है। जिसने मौत का डर छोड़ा वह सभी के भयों से मुक्त हो गया।

इस तसवीर में रंग कुछ ज्यादा जरूर भरा गया है। पर शस्त्रबल के जादू ने जिन लोगों को मोह रखा है उनके लिए इसमें तनिक भी अतिरंजना नहीं है।

सच तो यह है कि हिंदुस्तान के किसानों, हिंदुस्तान की जनता ने अपने जीवन तथा राजकाज में सत्याग्रह से सदा काम लिया है। जब राजा जुल्म करता है तब प्रजा उससे सहयोग नहीं करती। यही सत्याग्रह है।

मुझे एक घटना याद आती है। एक रियासत में राजा ने कोई हुक्म दिया जो प्रजा को पसंद न आया। लोगों ने गाँव खाली करना शुरू किया। यह देख राजा घबराया और उसने प्रजा से माफी माँगी और हुक्म वापस ले लिया। ऐसी मिसालें तो बहुतेरी मिल सकती हैं, पर वह खासकर हिंदुस्तान की ही चीज है। जहाँ ऐसी सत्याग्रही प्रजा हो वहीं स्वराज्य है, उससे रहित स्वराज्य कुराज्य है।

पा०–तब तो आप कहेंगे कि हमें अपने शरीर को मजबूत बनाने की जरूरत ही नहीं है।

सं०–यह आपने कैसे समझा? शरीर को कसे बिना तो सत्याग्रही होना ही कठिन है। जो शरीर आरामतलबी से निर्बल बना लिया गया है उस शरीर में बसने वाली आत्मा भी बहुत करके निर्बल ही होती है। और जहाँ मन का बल नहीं है वहाँ आत्मा का बल कहाँ से आयेगा? बाल विवाह आदि और आराम तलबी की रहन-सहन त्यागकर हमें अपने शरीर को तो पोढ़ा बनाना ही होगा। मरियल आदमी को तोप के मुँह के सामने खड़ा होने को कहूँ तो मैं अपनी ही हँसी कराऊँगा।

पा०–आप जो कुछ कह रहे हैं उससे तो ऐसा जान पड़ता है कि सत्याग्रही होना कोई ऐसी-वैसी बात नहीं। यह बात है तो आपको यह समझा देना चाहिए कि कोई आदमी सत्याग्रही कैसे हो सकता है?

सं०—सत्याग्रही होना है तो आसान, पर जितना आसान है उतना ही कठिन भी है। चौदह बरस के बालक को सत्याग्रही बनते मैंने देखा है। रोगी को भी सत्याग्रही होते देखा है और यह भी देखा है कि जो लोग शरीर से तगड़े और दूसरी तरह से सुखी थे वे सत्याग्रही न हो सके।

अनुभव से मैंने देखा है कि जो लोग देश-सेवा के लिए सत्याग्रह को अपनाना चाहते हों उन्हें ब्रह्मचर्य का पालन करना चाहिए, गरीबी का जीवन अपनाना चाहिए, सत्य का व्रत तो लेना ही चाहिए, और निर्भय भी बनना चाहिए।

ब्रह्मचर्य एक महाव्रत है, जिसके बिना मन की गाँठ कसी नहीं जा सकती। ब्रह्मचर्य के अपालन से मनुष्य वीर्य-रहित बेदम और कायर हो जाता है। यह बात अगणित उदाहरणों से सिद्ध की जा सकती है कि जिसका मन विषय-वासना में भ्रमता रहता है उससे कोई महत्कार्य का प्रयत्न नहीं होने का। तब घर-गृहस्थीवालों को क्या करना चाहिए, यह प्रश्न उठता है। पर उसके उठने की कोई जरूरत नहीं है। पति-पत्नी का समागम विषयभोग नहीं है, यह कहने का साहस कोई नहीं कर सकता। संतानोत्पादन के लिए ही स्वस्त्री-संग विहित है। पर सत्याग्रही को तो संतान की कामना भी न होनी चाहिए। अतः वह गृहस्थ होते हुए भी ब्रह्मचर्य का पालन कर सकता है। यह बात अधिक खोलकर लिखने की नहीं है। स्त्री का विचार क्या है, यह सब कैसे होगा, आदि प्रश्न इस प्रसंग में उठते हैं। पर जिसे किसी महत्कार्य में योग देना है उसे इन सवालों को हल करना ही होगा।

जैसे ब्रह्मचर्य पालन की आवश्यकता है वैसे ही गरीबी का व्रत लेने की भी। पैसे का लोभ और सत्याग्रह की साधना दोनों चीजें एक साथ हो ही नहीं सकतीं। इसका मतलब यह नहीं है कि जिसके पास पैसा है वह उसे फेंक दे। पर पैसे की चाह उसे न रहे, यह जरूर है। सत्याग्रह करते हुए पैसा चला जाये तो उसे इसका गम न होना चाहिए।

सत्याग्रह को हमने सत्य का बल बतलाया है। जो सत्य का सेवन न करे वह सत्य का बल कैसे दिखा सकता है? इसलिए सत्य की तो सदा आवश्यकता होगी ही। कितना ही नुकसान होता हो, तो भी सत्य का पल्ला नहीं छोड़ा जा सकता। सत्य किसी को सताना नहीं होता, इसलिए सत्याग्रही की कोई गुप्त सेना नहीं हो सकती। दूसरे की जान बचाने के लिए झूठ बोलना चाहिए या नहीं, ऐसे सवाल हमें नहीं उठाने चाहिए। जिसे झूठ का बचाव करना होता है वही ऐसे सवाल उठाते हैं। जिसे सत्य का ही मार्ग स्वीकार करना है उसके सामने ऐसे धर्मसंकट आते ही नहीं। और आ जायें तो सत्यवादी मनुष्य उस संकट से पार हो जाता है।

अभय के बिना तो सत्याग्रही की गाड़ी एक कदम भी आगे नहीं बढ़ सकती। उसे सब प्रकार और सभी बातों में निर्भय होना चाहिए। धन–दौलत, झूठा मान–अपमान, नेह–नाता, राजदरबार, चोट–मृत्यु–सबके भय से मुक्त हो जाये तभी सत्याग्रह का पालन हो सकता है।

इन सबको कठिन मानकर छोड़ नहीं देना चाहिए। जो कुछ सिरपर आ पड़े उसे सह लेने की शक्ति प्रकृति ने मनुष्यमात्र को दे रखी है। ये तो ऐसे गए हैं कि जिन्हें अपना जीवन देश सेवा में न लगाना हो उन्हें भी इनको अपनाना चाहिए।

फिर यह भी जान लेना चाहिए कि जिन्हें हथियार बाँधना हो उन्हें भी इन गुरगों की आवश्यकता होगी ही। कोई इच्छा करते ही रणवीर नहीं बन जाता। योद्धा बनने के लिए ब्रह्मचर्य का पालन करना और भिखारी बनना होगा। जो निर्भय नहीं है वह तो रन में लड़ चुका। कोई यह सोच सकता है कि लड़ने वाले को सत्य का व्रत लेने की उतनी आवश्यकता नहीं है। पर जहाँ अभय है वहाँ सत्य सहज ही बसता है। मनुष्य जब सत्य को छोड़ता है तब किसी–न–किसी प्रकार के भय से ही छोड़ता है।

अतः इन चार गुणों से डरने की जरूरत नहीं है। फिर तलवार बाँधने वालों को कितने ही दूसरे फालतू प्रयास करने होते हैं जिनकी आवश्यकता सत्याग्रही को नहीं होती। इन फालतू बातों का कारण भय ही है। उसे पूर्ण

अभय की प्राप्ति हुई कि तलवार उसी क्षण उसके हाथों से गिर जायेगी। इस सहारे की उसे जरूरत ही न रहेगी। जिसका किसी से बैर नहीं उसे तलवार की जरूरत नहीं होती। एक आदमी का अचानक शेर से सामना हो गया। उसके हाथ में लाठी थी, वह अपने-आप उठ गई। उसने देखा कि उसकी निर्भयता महज जबानी जमाखर्च थी। उसने लाठी उसी छन फेंक दी और भय-मुक्त हो गया।

18

शिक्षा

पा०—आप इतना सब कह गये, पर शिक्षा की कहीं आवश्यकता ही न बताई। शिक्षा की कमी का रोना तो हम सदा रोया करते हैं, शिक्षा को सबके लिए अनिवार्य कर देने का आंदोलन सारे हिंदुस्तान में चल रहा है। बड़ौदा-नरेश ने अपने राज्य में अनिवार्य शिक्षा का प्रबंध किया है जिसकी ओर सभी की निगाह खिंच गई है। हम महाराज को इसके लिए धन्यवाद दे रहे हैं। क्या यह सारा प्रयास व्यर्थ समझा जाये?

सं०—अपनी सभ्यता को अगर हम सर्वश्रेष्ठ मानते हों तो मुझे खेद के साथ कहना होगा कि यह प्रयास बहत-कुछ व्यर्थ ही है। महाराज और हमारे दूसरे बड़े नेता सबको शिक्षा दिलाने का जो यत्न कर रहे हैं उसमें उनका हेतु निर्मल है। इसलिए वे तो हमारे धन्यवाद के ही पात्र हैं। पर उनके प्रयास का जो फल होना संभव है उसकी ओर से हम आँखें मूँद नहीं सकते।।

शिक्षा के मानी क्या हैं? उसका अर्थ अगर अक्षर ज्ञान मात्र हो तब तो वह एक औजार हुआ जिसका सदुपयोग भी हो सकता है और दुरुपयोग भी। जिस औजार से नश्तर लगाकर रोगी का रोग दूर किया जाता है उसी से किसी की जान भी ली जा सकती है। यही बात अक्षर ज्ञान की है। हम देखते हैं कि इसका दुरुपयोग अधिक लोग करते हैं,

सदुपयोग थोड़े ही करते हैं। यह बात सही हो तो इससे यह साबित होता है कि अक्षर ज्ञान से दुनिया को फायदे की बनिस्बत नुकसान ही अधिक हुआ है।

शिक्षा का साधारण अर्थ अक्षर ज्ञान ही होता है। लड़कों को पढ़ना-लिखना और हिसाब लगाना सिखा देना प्रारम्भिक शिक्षा कहलाता है। एक किसान ईमानदारी से खेती-किसानी करके अपनी रोटी कमाता है। उसे दुनिया का सामान्य-ज्ञान है। अपने माँ-बाप, अपनी स्त्री, अपने बच्चों के साथ वह किस तरह व्यवहार करे, जो लोग उसके गाँव में बसते हैं उनके साथ कैसी राह-रस्म रखे, इस सबका उसे पूरा ज्ञान है। सदाचार के नियमों को वह समझता और उसका पालन करता है, पर उसे दस्तखत करना नहीं आता। ऐसे आदमी को आप अक्षरज्ञान कराके क्या करना चाहते हैं? इससे उसके सुख में कौन-सी वृद्धि करेंगे? आप उसके हृदय में अपने झोंपड़े और अपनी दशा के प्रति असंतोष पैदा करना चाहते हैं? यह करना हो तो भी उसे अक्षरज्ञान कराने की जरूरत नहीं है। पश्चिमी विचारों के प्रवाह में पड़कर हमने इतना तो याद कर लिया कि सबको पढ़ना-लिखना सिखा देना चाहिए, पर उसके हानि-लाभ का विचार नहीं करते।

अब ऊँची शिक्षा को लीजिए। मैंने भूगोल पढ़ा, खगोल पढ़ा, बीजगणित सीखा, भूमिति का ज्ञान प्राप्त किया, भूगर्भ विद्या के गर्भ में प्रवेश किया। पर इन संबसे मैंने अपनी या अपने आस-पास वालों की कौन-सी भलाई की? मैंने यह सारा ज्ञान किसलिए प्राप्त किया? अंग्रेज विद्वान प्रोफेसर हक्सले ने शिक्षा के विषय में कहा है–"सच्ची शिक्षा उस आदमी को मिली है जिसका शरीर ऐसा सधा हुआ है कि उसके अंकुश में रहता है और सौंपे हुए काम को आसानी से और प्रसन्नतापूर्वक करता है। जिसकी बुद्धि शुद्ध, शांत और न्यायदर्शी है, जिसका मन प्रकृति के नियमों के ज्ञान से भरपूर है, जिसकी इंद्रियाँ जिसके वश में हैं, जिसकी अंतर्वृत्ति विशुद्ध है, जिसे बुरे कामों से नफरत है और जो दूसरों को भी

अपने ही जैसा समझता है। ऐसे ही आदमी को सच्ची शिक्षा मिली हुई कह सकते हैं, क्योंकि वह प्रकृति के नियमों के अनुसार चलता है। वह प्रकृति का अधिकतम उपयोग करेगा और प्रकृति उसका।"

अगर सच्ची शिक्षा यही है तो मुझे शपथपूर्वक कहना चाहिए कि जिन शास्त्रों के नाम मैंने ऊपर गिनाये हैं उनसे अपने शरीर या अपनी इंद्रियों को बस में करने में मैं कोई मदद न ले सका। अतः प्रारम्भिक शिक्षा हो या उच्चशिक्षा, उनसे हमें उस कार्य में सहायता नहीं मिलती जो हमारा असल काम है। उनसे हम मनुष्य नहीं बनते, अपना फर्ज नहीं पहचान पाते।

पा०–अगर यही बात है तो मुझे आपसे पूछना होगा कि आप जो इतना सारा ज्ञान उगल रहे हैं यह किसका प्रताप है? आपने अक्षरज्ञान और ऊँची शिक्षा न पाई होती तो मुझे यह सब कैसे समझा सकते थे!

सं०–आपने चपत तो ठीक जड़ी, पर मेरा जवाब सीधा ही है। यह मैं नहीं मानता कि मैंने ऊँची या नीची शिक्षा न पाई होती तो मैं बिल्कुल निकम्मा होता और न यही मानता हूँ कि मेरे बोलने से कुछ-न-कुछ सेवा होती ही है। पर अब बोलकर देश समाज के लिए उपयोगी बनने की इच्छा अवश्य है, और इस यत्न में जो कुछ पढ़ा है उसका उपयोग करता हूँ। पर उसका उपयोग वह उपयोग कहा जा सके तो भी–मैं अपने करोड़ों भाइयों के लिए नहीं कर सकता। केवल आप-जैसे पढ़े-लिखे लोगों के लिए ही कर सकता हूँ। इससे भी मेरे विचार की पुष्टि होती है। आप और मैं दोनों झूठी शिक्षा के पंजे में फँसे हुए हैं। मैं मानता हूँ कि अब में उससे छूट गया हूँ और अपना अनुभव आपको दे रहा हूँ। जो शिक्षा मेंने पाई है, उसका इसमें उपयोग कर उसकी बुराइयाँ आपको बताता हूँ।

फिर मुझे तमाचा जड़ने में आप यह भूल गये कि मैंने अक्षरज्ञान को हर हाल में बुरा नहीं कहा है। मैंने इतना ही कहा है कि हमें उस ज्ञान का अंधभक्त नहीं हो जाना चाहिए, वह कुछ हमारी कामधेनु नहीं है। वह तो अपनी जगह पर ही शोभा दे सकता है। और वह जगह यह है कि जब

हम अपनी इंद्रियों को वश में कर लें, अपनी नीति की नींव दृढ़ कर लें, तब हमें अक्षरज्ञान की इच्छा हो तो उसे प्राप्त कर हम उसका सदुपयोग अवश्य कर सकते हैं। आभूषण के रूप में वह हमें सज सकती है। पर अक्षर ज्ञान का यही उपयोग होतो ऐसी शिक्षा को हमारे लिए अनिवार्य कर देने की आवश्यकता नहीं रहती। इसके लिए तो हमारी पुरानी पाठशालाएँ ही काफी हैं। नीति की शिक्षा को उनमें पहला स्थान दिया गया है। वही आरंभिक शिक्षा है। उस नींव पर जो इमारत खड़ी की जायेगी वह टिकाऊ होगी।

पा०–तब क्या मैं यह मान सकता हूँ कि स्वराज्य प्राप्ति के लिए आप अंग्रेजी शिक्षा की आवश्यकता नहीं समझते?

सं०–इसका जवाब 'हाँ' भी है और 'ना' भी। करोड़ों आदमियों को अंग्रेजी पढ़ाना तो उन्हें गुलामी में फँसा देना है। मेकाले ने इस देश में जिस शिक्षा की नींव डाली वह, सच पूछिए तो, हमारी गुलामी की नींव थी। मैं यह नहीं कहता कि उसने ऐसा समझकर ऐसे इरादे से अपने निबंध लिखे। पर उसके कार्य का फल यही रहा स्वराज्य की बात हम पराई भाषा में करते हैं, यह कैसी रंकता है?

हमें यह भी जान लेना चाहिए कि जो पढ़ाई अंग्रेजों का उतारा है वह हमारा श्रृंगार बन रही है। उनके ही विद्वान इसमें दोष–त्रुटियाँ निकाला करते हैं। शिक्षा की पद्धति में हेर–फेर होता ही रहता है। पर हम तो अज्ञानवश उन्हीं चीजों से चिपके रहते हैं जिन्हें वे निकम्मी समझकर फेंक देते हैं। वहाँ सभी अपनी भाषा की उन्नति के लिए श्रम कर रहे हैं। वेल्स इंगलैंड का एक छोटा–सा भाग है। वहाँ की भाषा एक सड़ी–सी बोली समझी जाती है। पर अब उसका जीर्णोद्धार हो रहा है। इस बात की बड़ी कोशिश हो रही है कि वेल्स के बच्चे वेल्स भाषा में ही बोलें। इंगलैंड के (तत्कालीन) अर्थमंत्री (अब स्वर्गीय) श्री लाइड जार्ज इस आंदोलन के अगुवा हैं। पर हमारी दशा क्या है? हम आपस में एक दूसरे को पत्र लिखते हैं तो भूलों से भरी हुई अंग्रेजी में ही लिखते हैं। गलत

अंग्रेजी लिखने के दोष से हमारे साधारण एम० ए० भी मुक्त नहीं हैं। हमारे उच्चतम विचारों का वाहन अंग्रेजी है। हमारी कांग्रेस की कार्रवाई अंग्रेजी में होती है, हमारे सबसे अच्छे अखबार अंग्रेजी में ही निकलते हैं। मैं तो मानता हूँ कि यह ढर्रा कुछ अधिक दिन चलता रहा तो आने वाली पीढ़ियाँ हमें कोसें-धिक्कारेंगी और उनका शाप हमारी आत्मा को लगेगा।

आपको जानना चाहिए कि अंग्रेजी पढ़कर हमने अपने राष्ट्र को गुलाम बनाया है। अंग्रेजी शिक्षा से ढोंग-ढकोसला, अत्याचार आदि बढ़े हैं। अंग्रेजी पढ़े हुए हिंदुस्तानियों ने आम लोगों को ठगने और उन्हें डरवाने में कोई कसर नहीं रखी है। अब अगर हम उनके लिए कुछ कर रहे हैं तो अपने ऊपर लदे हुए उनके ऋण का एक अंश मात्र चुका रहे हैं।

यह क्या कुछ थोड़ा जुल्म है कि अपने देश में काम पाने के लिए भी हमें अंग्रेजी का ही सहारा लेना पड़ता है? मैं जब बैरिस्टर बन जाता हूँ तब मुझसे अपनी भाषा में बोला नहीं जाता और मेरे पास एक ऐसा आदमी होना चाहिए जो मेरी अपनी भाषा से ही मेरे लिए उलथा कर दिया करे। यह क्या कोई छोटी विडंबना है? यह गुलामी की हद नहीं तो क्या है? इसके लिए मैं अंग्रेजों को दोष दूँ या अपने आपको? हम अंग्रेजीदां लोग ही हिंदुस्तान को गुलाम बनानेवाले हैं। इसीलिए राष्ट्र की हाय अंग्रेजों पर नहीं, हमारे ही ऊपर पड़ेगी।

मैंने आपसे कहा है कि मेरा जवाब 'हाँ' भी है और 'ना' भी। 'हाँ' कैसे है, यह तो मैंने आपको समझा दिया। अब 'ना' कैसे है यह बतलाता हूँ।

बात यह है कि सभ्यता के रोग ने हमें इस बुरी तरह जकड़ लिया है कि अंग्रेजी बिल्कुल ही न पढ़ने से हमारा काम चले, ऐसा समय नहीं रहा अतः जो लोग अंग्रेजी पढ़ चुके हैं वे उस शिक्षा का सदुपयोग करें। जहाँ जरूरी मालूम हो वहाँ उससे काम लें। अंग्रेजों के साथ व्यवहार करने में, उन हिंदुस्तानियों के लिए जिनकी भाषा हम नहीं समझते, और अंग्रेज खुद अपनी सभ्यता से कैसे आजिज आ गये हैं यह जानने के लिए

हमें अंग्रेजी सीखनी चाहिए। जिन्होंने अंग्रेजी पढ़ ली है उन्हें चाहिए कि अपने बच्चों को पहले सदाचार और अपनी भाषा सिखायें। फिर हिंदुस्तान की एक दूसरी भाषा सिखायें। जब वे प्रौढ़ वय के हो जाये तब चाहें तो अंग्रेजी पढ़ सकते हैं। पर उद्देश्य यही हो कि हमारे लिए अंग्रेजी पढ़ना जरूरी न हो, उससे पैसा कमाना नहीं। इसमें भी हमें यह सोचना होगा कि हम अंग्रेजी के जरिये क्या सीखें, क्या न सीखें। किन शास्त्रों का अध्ययन करें, इसका भी विचार करना होगा। यह बात तो जरा-सा सोचने से ही समझ में आ सकती है कि अगर हम अंग्रेजों की डिग्रियाँ आदि लेना बंद कर दें तो अंग्रेज अधिकारियों के कान खड़े हो जायें।

पा०—तब शिक्षा कैसी दी जाए?

सं०—इसका जवाब कुछ तो ऊपर दिया जा चुका है, पर इस पर थोड़ा विचार और कर लें। मैं तो सोचता हूँ कि हमें अपने देश की सभी भाषाओं की उन्नति करनी होगी। अपनी भाषा में हमें क्या-क्या चीज पढ़नी चाहिए। इस पर विस्तार से विचार करने का यह स्थान नहीं है। अंग्रेजी में जो काम की पुस्तकें हैं उनका उलथा हमें करना होगा। बहुत-से शास्त्र पढ़ लेने का ढोंग और मोह हमें छोड़ देना चाहिए। धर्म अथवा सदाचार की शिक्षा तो हमें सबसे पहले मिलनी ही चाहिए। हर एक शिक्षित हिंदुस्तानी को अपनी मातृ भाषा का, वह हिंदू हो तो संस्कृत का, मुसलमान हों तो अरबी का और पारसी हो तो फारसी का ज्ञान होना चाहिए। हिंदी तो सभी को आनी चाहिए। कुछ हिंदुओं को अरबी-फारसी और कुछ मुसलमानों-पारसियों को संस्कृत सीखनी चाहिए। उत्तरी और पश्चिमी भारत के कुछ लोगों को तामिल सीखनी चाहिए। हिंदुस्तान की राष्ट्रभाषा तो हिंदी ही होनी चाहिए, जिसे फारसी या नागरी में से चाहे जिस लिपि में लिखने की आजादी हो। हिंदू-मुसलमानों में मेल-जोल बनाये रखने के लिए बहुत-से हिंदुस्तानियों को दोनों लिपियाँ आना जरूरी है। हम यह कर सकें तो अपने आपस के व्यवहार से अंग्रेजी को निकाल बाहर कर सकते हैं।

और यह सब किसके लिए करना है? हम गुलाम बन जाने वालों के लिए। हमारी गुलामी से राष्ट्र गुलाम बना है। हम आजाद हो जायें तो राष्ट्र को आजाद हुआ ही समझिए।

पा०—आपने जो धर्मशिक्षा की बात कही वह तो टेढ़ी खीर है।

सं०—पर उसके बिना छुटकारा भी तो नहीं है। नास्तिकता का पौधा भारत की भूमि में पनप नहीं सकता। यह काम टेढ़ा जरूर है। धर्मशिक्षा की बात सोचते ही सिर चकराने लगता है। अपने धर्माचार्यों को हम ढोंगी और स्वार्थी पाते हैं। उन्हें मनाना होगा। इसकी कुँजी मुल्लाओं, दस्तरों और ब्राह्मणों के हाथ में है। पर उनमें सबुद्धि न उपजे तो अंग्रेजी शिक्षा से जो उत्साह हममें जगा है उसका उपयोग कर हम लोगों को नीति-शिक्षा दे सकते हैं। यह कुछ बहुत कठिन बात नहीं है। अभी तो भारतीय समुद्र का किनारा भर गंदा हुआ है और जो उस गंदगी में सन गये हैं उन्हीं को साफ होना है। हम लोग जो इस श्रेणी में आते हैं, अपनी सफाई बहुत-कुछ खुद कर सकते हैं। मेरी यह आलोचना भारत के करोड़ों जनों, भारत की साधारण जनता के लिए नहीं है। हिंदुस्तान को अपनी मूल दशा में लाने के लिए खुद हमीं को अपनी असली हालत में आना है, बाकी करोड़ों लोग तो अपनी असली हालत में हैं ही। हमारी अपनी सभ्यता में सुधार, बिगाड़, ऊपर उठना, नीचे गिरना काल-क्रम से होता ही रहेगा, हमें बस यही प्रयत्न करना है कि पश्चिम की सभ्यता को अपने देश से निकाल बाहर करें। बाकी सब तो अपने-आप हो जायेगा।

19

मशीनें

पा०—जब आप पश्चिमी सभ्यता को अर्द्धचंद्र देने की बात कहते हैं तब आप यह भी कहेंगे कि मशीनों की हमें जरूरत ही नहीं।

सं०—यह सवाल करके आपने मेरे जख्म को हरा कर दिया। (स्व०) श्री रमेशचंद्रदत्त का लिखा हुआ 'हिंदुस्तान का आर्थिक इतिहास' पढ़कर मुझे रुलाई आ गई थी। अब भी उसको याद करता हूँ तो मेरा दिल भर आता है। मशीनों की मार ने ही तो हिंदुस्तान का यह हाल किया है। मैंचेस्टर ने हमें जो नुकसान पहुँचाया उसकी तो कोई हद ही नहीं। हिंदुस्तान से दस्तकारी जो लगभग विदा हो गई यह मेंचेस्टर की ही कृपा है।।

पर मैं भूलता हूँ। मैंचेस्टर को कैसे दोष दिया जा सकता है? हम मैंचेस्टर का कपड़ा पहनने लगे तो वह कपड़ा बुनने लगा। जब मैंने बंगाल की बहादुरी का हाल पढ़ा तो मुझे हर्ष हुआ। बंगाल में कपड़े की मिलें न थीं, इसलिए लोगों ने हाथ-करघे की बनाई के असली धंधे को फिर अपना लिया। बंगाल बंबई की मिलों को प्रोत्साहन दे रहा है यह तो अच्छा ही है, पर वह कल-कारखानों में बने हुए सारे माल का बहिष्कार कर देता तो और भी अच्छा होता।

मशीनों ने यूरोप को उजाड़ना शुरू कर दिया है और अब उनकी हवा हिंदुस्तान में भी पहुँच गई है। कलें आधुनिक सभ्यता की खास निशानी हैं और मैं तो साफ देख रहा हूँ कि ये महापाप है।

बंबई की मिलों में काम करनेवाले मजदूर पूरे गुलाम बन गये हैं। वहाँ काम करने वाली स्त्रियों की दशा देखकर तो हर आदमी का कलेजा काँप उठेगा। जब मिलों की बाढ़ नहीं आई थी तब ये स्त्रियाँ कुछ भूखों नहीं मरती थीं। कलों की हवा ज़ोर से बही तो हिंदुस्तान की दशा बहुत दयनीय हो जायेगी। मेरी बात आपके गले में तो अटकेगी, पर मुझे कहना ही होगा कि हिंदुस्तान में मिलें खड़ी करने से यह अधिक अच्छा होगा कि आज भी हम मैंचेस्टर को पैसा दें और उसका रद्दी-सद्दी माल इस्तेमाल करें। उसका कपड़ा काम में लाने से तो हमारा केवल पैसा ही जायेगा और हिंदुस्तान में मैंचेस्टर बनाने से हमारा पैसा तो हिंदुस्तान में ही रहेगा, पर वह पैसा हमारा खून लेगा क्योंकि वह हमारे चरित्र का नाश करेगा। जो लोग मिलों में काम करते हैं उनकी नीति, उनका चरित्र कैसा है, यह खुद उन्हीं से जाकर पूछिए। जो लोग इन कारखानों की बदौलत मालामाल हो गये हैं वे नीति की दृष्टि से दूसरे पैसे वालों से अच्छे हों, इसकी कोई संभावना नहीं। यह मानना नासमझी ही होगा कि अमरीका के राकफेलर से हिंदुस्तान का राकफेलर अच्छा होगा। गरीब हिंदुस्तान आजाद हो सकता है, पर अनीति की कमाई से धनी होने वाले हिंदुस्तान का छुटकारा नहीं होने का।

मैं तो देखता हूँ कि हमें यह कबूल करना होगा कि हिंदुस्तान में अंग्रेजी राज्य को कायम रखनेवाले ये पैसे वाले ही हैं। उनका स्वार्थ उसके बने रहने में ही है। पैसा मनुष्य को रंक बना देता है। इसके जोड़ की दूसरी चीज विषय-वासना है। ये दोनों चीजें जहरीली हैं। इनका विष साँप के विष से अधिक घातक है। साँप डसता है तो देह लेकर ही छोड़ देता है, पर पैसे का लोभ या विषय की वासना डसती है तो देह, मन, प्राण सब लेकर भी नहीं छोड़ती। अतः अपने देश में मिलें बढ़ें तो इसमें हमारे लिए खुश होने की कोई बात नहीं।

पा०—तो क्या मिलें बंद कर दी जायें?

सं०—यह बात जरा मुश्किल है। जमी हुई चीज को हटाना कठिन होता है। इसलिए कार्य का आरंभ ही सबसे बड़ी बुद्धिमानी मानी गई है। मिल-मालिकों को हम नफरत की निगाह से नही देख सकते; उनपर तो हमें दया आनी चाहिए। वे एकाएक अपनी मिलों को तोड़ दें, यह तो मुमकिन ही नहीं। पर हम उनसे यह प्रार्थना कर सकते हैं कि वे नये कारखाने न खोलें। वे भले हों तो खुद धीरे-धीरे अपना कारबार समेट लेंगे। वे घर-घर पुराने और प्रौढ़ चरखे की स्थापना करा सकते हैं और लोगों के बने हुए कपड़े को लेकर बेच सकते हैं। पर वे यह सब न करें तो भी लोग खुद कल-कारखानों की बनी हुई चीजों को काम में लाना बंद कर सकते हैं।

पा०—यह तो कपड़े की बात हुई। पर कल-कारखानों में बनने वाली तो बेशुमार चीजें हैं। उनके लिए दो ही रास्ते हैं या तो हम उन्हें विदेशों से लें या फिर अपने यहाँ वैसी मशीनें खड़ी करें।

सं०—सचमुच हमारे देवता तक अब जर्मनी की कलों में ढल कर आ रहे हैं। फिर आलपीन, दियासलाई और झाड़फानूस का तो जिक्र ही बेकार है। पर मेरा जवाब तो एक ही है—जब ये सारी चीजें मशीन से नहीं बनती थीं तब हिंदुस्तान क्या करता था? वही वह आज भी कर सकता है। आलपीन जब तक हाथ से न बनने लगे तबतक बिना आलपीन के ही काम चलायेंगे। झाड़ फानूस को बिदा कर देंगे और मिट्टी के दीये में तेल डालकर खेत में पैदा हुई रूई की बत्ती बना उजाला कर लेंगे। इससे हमारी आँखें बचेंगी, पैसा बचेगा और हम स्वदेशी वाले बने रहेंगे। यों इस दीये से स्वराज्य का दीपक भी जला लेंगे।

यह तो मुमकिन ही नहीं कि ये सारी बातें सभी लोग एक साथ करने लगें या कुछ लोग मशीन की बनी हुई सारी चीजों को एकबारगी छोड़ दें। पर अगर यह खयाल सही है तो हम सदा इसकी खोज में रहेंगे कि हम किन चीजों को छोड़ सकते हैं और सदा एक-एक दो-दो चीजें छोड़ते जायेंगे। हमारी देखा-देखी दूसरे भी ऐसा करेंगे। पहले विचार

पक्का हो जाना चाहिए, फिर उसके अनुसार काम होगा। पहले एक ही आदमी करेगा, फिर दस करेंगे, उसके बाद सौ। यों गणित के नारियल की तरह ये बढ़ते ही जायेंगे। बड़े लोग जो काम करते हैं, छोटे भी वही करते हैं और करेंगे। समझिए तो बात बहुत छोटी और सीधी है। हमें इस इंतजार में बैठे नहीं रहना चाहिए कि जब दूसरे करेंगे तब हम भी करेंगे। हमें तो चाहिए कि ज्योंही कोई बात हमारी समझ में आ जाये त्योंही उसे शुरू कर दें। जो ऐसा नहीं करते वे अवसर खो देंगे। जो समझकर भी नहीं करता वह ढोंगी और कायर कहा जायेगा।

पा०—अच्छा, ट्राम और बिजली के बारे में आप क्या कहते हैं?

सं०—आपका यह सवाल तो बहुत 'लेट' हो गया। अब तो वह बेमानी-सा हो गया। रेल ने अगर हमारा नाश किया है तो ट्राम क्या नहीं करती? मशीनें तो साँप के बिल हैं जिनके भीतर एक नहीं सैकड़ों साँप होते हैं। एक के पीछे दूसरा निकलता ही आता है। जहाँ मशीनें होंगी वहाँ बड़े शहर होंगे ही। जहाँ बड़े शहर हों वहाँ रेल और ट्राम होनी ही चाहिए। बिजली की रोशनी की जरूरत भी वहीं होती है। यह तो आप जानते ही होंगे कि इंगलैंड में भी गाँवों में ट्राम और बिजली की रोशनी नहीं है। आप ईमानदार वैद्य-डॉक्टरों से पूछे तो वे आपको बतायेंगे कि जहाँ रेल, ट्राम आदि साधन बढ़े हैं वहाँ लोगों की तंदुरुस्ती बिगड़ गई है। मुझे याद है कि यूरोप के एक नगर में जब पैसे की तँगी हुई तब दाम-कंपनी, वकीलों और डॉक्टरों की आमदनी तो घट गई, पर लोग पहले से अधिक तंदुरुस्त हो गये। मशीन का गुण तो मुझे एक भी याद नहीं आता, पर दोषों का पोथा तैयार हो सकता है।

पा०—आप जो यह सब कह रहे हैं यह मशीन की मदद से ही तो छपेगा और लोगों के पास पहुँचेगा। यह मशीन का गुण हुआ या दोष?

सं०—यह तो विष से विष को मारने का दृष्टांत है। मशीन तो मरते-मरते भी यह कह जाती है कि मुझसे होशियार रहना और बचे रहना। मुझसे तुम्हें कोई लाभ नहीं होने का। छापे के लाभ की बात कहिए

तो यह लाभ भी उन्हीं को होगा जो मशीनों के जाल में फँस चुके हैं। इसलिए मूल बात को न भूलिए। मशीनें खराब चीज हैं, पहले इसे मन में दृढ़ कर लीजिए, फिर धीरे-धीरे उन्हें छोड़ते चलिए। प्रकृति ने ऐसा सीधा रास्ता बनाया ही नहीं है कि हम जिस चीज को चाहें वह तुरंत हमें मिल जाये। मशीनों को भी जब हम मित्र के बदले शत्रुरूप में देखने लगेंगे तब अंत में वे बिदा हो ही जायेंगी।

20

उपसंहार

पा०—आपके विचारों से तो मुझे यह दिखाई देता है कि आप एक तीसरा दल खड़ा करना चाहते हैं। आप न गरम दल वाले हैं न नरम दलवाले।

सं०—यह आपका भ्रम है। मेरे मन में तीसरा दल बनाने का बिल्कुल ही विचार नहीं है। सबके विचार एक से नहीं होते। हमें यह नहीं सोचना चाहिए कि नरम दलवालों में सब एक ही विचार के हैं। और जिसे सेवा से काम रखना है उसका दल कैसा? मैं तो जैसे नरम दल का सेवक हूँ वैसे ही गरम दल का। जहाँ मेरा मत उनसे न मिलेगा वहाँ विनयपूर्वक अपनी स्थिति उन्हें बता दूँगा और अपना काम किये जाऊँगा।

पा०—तब उन दोनों दलवालों से आप क्या कहेंगे?

सं०—गरम दलवालों से मैं कहूँगा कि आपका लक्ष्य हिंदुस्तान के लिए स्वराज्य प्राप्त करना है, पर स्वराज्य माँगने से नहीं मिला करता। स्वराज्य तो हर एक को अपने लिए खुद ही लेना-उपजाना होगा। दूसरे जो मेरे लिए प्राप्त करें वह तो स्वराज्य नहीं पर राज्य है। इसलिए अगर आप यह मानते हों कि अंग्रेजों को यहाँ से निकाल देने से स्वराज्य मिल जायेगा तो यह ठीक नहीं है। आप सच्चा स्वराज्य चाहते हो तो वह तो जो मैं पहले बता चुका हूँ वही हो सकता है। उसे आप गोला-बारूद से कभी नहीं पा सकते। शस्त्रबल का भारत की प्रकृति से मेल नहीं खाता। इसलिए हमें सत्याग्रह का ही भरोसा रखना होगा। इस भ्रम को तो अपने

पास भी फटकने न देना चाहिए कि स्वराज्य पाने के लिए तोप-बंदूक की जरूरत है।

नरम दलवालों से मैं कहूँगा कि केवल विनती-प्रार्थना करते रहना हमारे लिए जिल्लत की बात है। ऐसा करके हम अपनी हीनता स्वीकार करते हैं। अंग्रेजों से संबंध रखे बिना हमारा काम चल ही नहीं सकता, यह कहना ईश्वर के सामने चोर बनने जैसा है। ईश्वर को छोड़कर और किसी के लिए तो यह कहना उचित ही न होगा कि उसके बिना हमारा काम चल नहीं सकता। पर साधारण दृष्टि से भी यह कहना कि अंग्रेजों के बिना तत्काल हमारा काम चल ही नहीं सकता, उन्हें घंमडी बनाना है।

अंग्रेज बोरिया-बधना संभालकर यहाँ से चले जायें तो हिंदुस्तान रांड हो जायेगा, यह न समझिए। हाँ, यह हो सकता है कि जो लोग उनके दाब से दबे बैठे हैं उनके चले जाने पर वे लड़ने लगें। पर ज्वालामुखी को दबा रखने से कोई लाभ नहीं, उसके तो फूट जाने में ही हमारा कल्याण है। इसलिए अगर हम आपस में लड़ने के लिए ही सिरजे गये हैं तो हम लड़ मरें। निर्बल की रक्षा के बहाने तीसरे को उसमें दखल देने की जरूरत नहीं है। यह तो हमारे सत्यानास का नुस्खा है। निर्बल को इस तरह बचाना तो उसे और निर्बल बना देना है। नरम दलवालों को इसपर भली-भाँति विचार करना चाहिए। जबतक हम इस सच्चाई को समझ न लें, स्वराज्य नहीं मिल सकता। मैं उन्हें एक अंग्रेज पादरी के कहे हुए इन शब्दों की याद दिलाऊँगा कि "स्वराज्य भोगते हुए हमें अराजकता भी सहनी पड़े तो सह लेनी चाहिए, पर परराज्य की सुव्यवस्था भी हमारी कँगाली है।" फर्क इतना ही है कि भारत के स्वराज्य का अर्थ पादरी के स्वराज्य के अर्थ से भिन्न है। हमें यह जान लेना और दूसरों को भी जता देना है कि हम काले-गोरे किसी का भी जुल्म या दबाव नहीं चाहते।

यों बने तो नरम-गरम दोनों मिल जायें-उन्हें मिल जाना चाहिए। तब उन्हें एक दूसरे से डरने,एक दूसरे का अविश्वास करने की जरूरत न रहेगी।

पा०—यह तो दोनों दलों के लिए हुआ। पर अंग्रेजों से आप क्या कहेंगे?

सं०—उनसे मैं विनयपूर्वक कहूँगा कि आप हमारे राजा तो जरूर हैं। अपनी तलवार के बलपर हैं या हमारी मर्जी से, इसकी बहस में पड़ने की मुझे जरूरत नहीं। आप हमारे देश में रहें इसपर भी मुझे कोई ऐतराज नहीं। पर आपको राजा होते हुए भी हमारा नौकर बनकर रहना होगा। आपका कहा मुझे नहीं मेरा कहा आपको करना होगा। आजतक इस देश से जो धन आप ले गये वह तो आपका हो गया, पर अब ऐसा कीजियेगा तो नहीं चलेगा। आप हिंदुस्तान की चौकीदारी करना चाहें तो यहाँ रह सकते हैं, पर तिजारत करके हमें लूटने का लोभ आपको छोड़ देना होगा। आप जिस सभ्यता के हिमायती हैं हम उसे असभ्यता मानते हैं। अपनी सभ्यता को हम आपकी सभ्यता से कहीं ऊँची मानते हैं। आप इस बात को समझ लें तो आपका लाभ है। पर न समझ सके तो भी आपकी ही कहावत के अनुसार आपको हमारे देश में हम—जैसा ही बनकर रहना चाहिए। आपको कोई ऐसी बात न करनी चाहिए जो हमारे धर्म के विरुद्ध हो। हमारे शासक होने के नाते आपपर फर्ज है कि हिंदू के भाव का आदर कर गाय का और मुसलमान के भाव का लिहाज़कर सूअर का माँस खाना छोड़ दें। दबे हुए होने के कारण हम अबतक कुछ नहीं कह सके, पर इससे यह न समझिए कि आपके व्यवहार से हमारे दिल को ठेस नहीं लगती। स्वार्थ या भयवश हम अबतक आपसे कुछ नहीं कह सके, पर अब कहना हमारे लिए फर्ज हो गया है। हम मानते हैं कि आपके कायम किये हुए स्कूल और अदालतें हमारे काम की नहीं हैं। हम चाहते हैं कि उनके बदले हमारी पुरानी पाठशालाएँ और पंचायती अदालतें फिर स्थापित हो जायें।

हमारे साथ कैसे हुआ यह सोचना बेकार है, पर हम दोनों इस संबंध का सदुपयोग कर सकते हैं।

"हिंदुस्तान में आनेवाले आप अंग्रेज जाति के सच्चे नमूने नहीं हैं। वैसे ही आधे अंग्रेज बन जानेवाले हम हिंदुस्तानी भी भारतीय जनता के

सच्चे नमूने नहीं कहे जा सकते। ब्रिटिश-जनता को अगर आपकी सब करतूतों का पता लग जाये तो वह आपके कार्य का विरोध करे। हिंदुस्तान की जनता ने तो आपके साथ थोड़ा ही लगाव रखा है। आप अपनी सभ्यता को, जो वस्तुत: असभ्यता है, छोड़कर अपने धर्म-ग्रंथों के पन्ने उलटेंगे तो आप देखेंगे कि हमारी माँगें वाजिब हैं। उनको पूरी करके ही आप हिंदुस्तान में रह सकते हैं। आप इस तरह यहाँ रहें तो आपसे हमें जो कितनी ही बातें सीखनी हैं उन्हें हम सीखेंगे और आपको भी हमसे जो बहुत-कुछ सीखना है वह आप सीख लेंगे। पर यह तभी होगा जब हमारे संबंध की जड़ धर्म की भूमि में रोपी जाए।"

पा०–राष्ट्र से आप क्या कहेंगे?

सं०–राष्ट्र है कौन?

पा०–इस समय तो आप जिस अर्थ में इस शब्द का व्यवहार करते हैं वही राष्ट्र है। अर्थात् वे लोग जिनपर यूरोप की सभ्यता का रंग चढ़ गया है और जो स्वराज्य की पुकार मचा रहे हैं।

सं०–इस राष्ट्र यानी इन लोगों से मैं कहूँगा कि जिन हिंदुस्तानियों पर (स्वराज्य का) सच्चा नशा चढ़ा होगा वही अंग्रेजों से ऊपर के ढंग की बातें कह सकेंगे। उनके रौब में नहीं आयेंगे। सच्चा नशा या मस्ती उन्हीं पर चढ़ सकती है जो ज्ञानपूर्वक इस बात को मानते हों कि हिंदुस्तान की सभ्यता दुनिया में सर्वश्रेष्ठ है और यूरोप की सभ्यता महज तीन दिन का तमाशा है। ऐसी सभ्यताएँ तो कितनी ही आई गई, कितनी ही आती-जाती रहेंगी। सच्चा नशा उन्हीं को होगा जो आत्मबल का अनुभव करके शरीरबल से न दबते हुए निर्भय रहें, और तोप-बंदूक की ताकत से काम लेने की बात सपने में भी न सोचें। सच्चा नशा उन्हीं हिंदुस्तानियों को होगा जो देश की वर्तमान दयनीय दशा से अति आकुल हैं और जो जहर का प्याला पहले ही पी चुके होंगे।

ऐसा हिंदुस्तानी कोई एक भी होगा तो वह अंग्रेजों से पूर्वोक्त प्रकार की बातें कहेगा और अंग्रेजों को उसकी बातें सुननी होंगी।

ऊपर दी हुई माँगें वास्तव में माँगें नहीं हैं, बल्कि भारतीयों के मन की दशा का निदर्शन हैं। माँगा नहीं मिलता, जो लेना है उसे लेना होगा। लेने के लिए बल चाहिए और यह बल उसी में होगा।

१. जो अंग्रेजी का उपयोग तभी करेगा जब उसके बिना काम ही न चले।

२. जो वकील होगा तो वकालत छोड़ देगा और घर में चरखा चलाकर करघे पर कपड़ा बुनेगा।

३. जो वकील होकर अपने ज्ञान का उपयोग केवल लोगों को समझाने और अंग्रेजों की आँख खोलने में करेगा।

४. जो वकील होकर मुद्दई-मुद्दालेह के झगड़े में न पड़ेगा बल्कि अदालत को त्याग देगा और अपना अनुभव बताकर औरों को भी उन्हें छोड़ने के लिए समझायेगा।

५. जो वकील होकर जैसे वकालत छोड़ेगा वैसे ही जजी को भी लात मारेगा।

६. जो डॉक्टर होकर अपना धंधा छोड़ देगा और यह समझेगा कि लोगों की देह का इलाज करने से उनकी आत्मा का इलाज कर उसे नीरोग बनाना ज्यादा जरूरी है।

७. जो डॉक्टर होकर यह समझेगा कि वह खुद चाहे जिस धर्म को मानता हो, पर अंग्रेजी चिकित्सा-विद्यालयों में जीवित प्राणियों का अंगच्छेद करने में जिस हत्यारेपन से काम लिया जाता है उस हत्यारेपन से शरीर को नीरोग करने से अच्छा है कि वह रोगी ही बना रहे।

८. जो डॉक्टर होकर भी खुद चरखा कातेगा और बीमारों को उनकी बीमारी का असली कारण बताकर उसे दूर करने की सलाह देगा, पर निकम्मी दवाएँ देकर उन्हें कुपथ्य करने का बढ़ावा न देगा। जो यह समझेगा कि निकम्मी दवा न लेकर कोई रोगी मर

जाये तो इससे दुनिया रांड़ नहीं हो जायेगी, और उस आदमी पर तो यह सच्ची दया करना होगा।

९. जो मालदार होकर अपने पैसे की चिंता न करके जो मन में होगा वही बोलेगा और सरकारी अफसरों की परवाह नहीं करेगा।

१०. जो मालदार होकर अपना पैसा चरखे करघे की स्थापना में लगायेगा और खुद केवल स्वदेशी वस्त्र व्यवहार कर दूसरों को उसके व्यवहार का प्रोत्साहन देगा।

यह बल हममें तभी होगा–

११. जब सब हिंदुस्तानी यह समझेंगे कि यह समय पश्चाताप, प्रायश्चित्त और मातम मनाने का है।

१२. जब सब लोग इस बात को समझेंगे कि अंग्रेजों को दोष देना व्यर्थ है। वे हमारे दोष से यहाँ आये और हमारे ही दोष से यहाँ बने हैं, और जब हमारी खराबियाँ दूर हो जायेंगी तब रास्ता लेंगे या बदल जायेंगे।

१३. जब सभी यह समझने लगेंगे कि शोक की दशा में मौज शौक नहीं हो सकता और जबतक हमें सुख-चैन नहीं है तबतक यही अच्छा है कि हम जेल में या देश से निर्वासित रहें।

१४. जब सब हिंदुस्तानी यह समझ लेंगे कि यह खयाल शुद्ध मोह है कि लोगों को समझाते रहने के लिए हमें जेल न जाने की सावधानी रखनी चाहिए।

१५. जब सब लोग समझ लेंगे कि कहने से करने का असर कहीं ज्यादा होता है और जो हमारे मन में है उसे निडर होकर कहना और उसका जो फल मिले उसे सह लेना चाहिए। तभी हमारे कहने का असर दूसरों पर पड़ सकता है।

१६. जब सभी हिंदुस्तानी यह समझने लगेंगे कि हम कष्ट सहकर ही अपनी बेड़ी काट सकते हैं।

१७. जब सब हिंदुस्तानी यह समझेंगे कि अंग्रेजों की सभ्यता को बढ़ावा देकर हमने जो पाप किया है उसके निवारण के लिए हमें आजीवन काले पानी में रहना पड़े तो यह प्रायश्चित तनिक भी अधिक न होगा।

१८. जब सब हिंदुस्तानी यह समझ लेंगे कि कोई भी राष्ट्र बिना कष्ट सहे ऊपर नहीं उठ सकता, यहाँ तक कि हरबे-हथियार की लड़ाई में भी सच्ची कसौटी तो कष्ट सहन ही है, दूसरों को मारना नहीं। यही बात सत्याग्रह के विषय में भी है।

१६. जब सब हिंदुस्तानी यह समझ लेंगे कि "दूसरे करेंगे तो हम भी करेंगे" यह कहना न करने का बहाना है। हमें जो ठीक जान पड़ता है वह हम करेंगे और दूसरों को जब जान पड़ेगा तब वे उसे करेंगे। यही करने का रास्ता है। मुझे रुचनेवाला भोजन मेरे सामने आये तो उसे ग्रहण करने में मैं दूसरों की राह नहीं देखा करता। ऊपर बताये हुए प्रकार से प्रयत्न करना और दु:ख उठाना स्वादिष्ट भोजन करने जैसा ही है। विवश होकर करना और कष्ट सहना बेकार है।

पा०—यह तो लंबा नुस्खा है। सब लोग कब यह सब करें, और कब इसका अंत आयेगा?

सं०—आप फिर भूले। मुझे और आपको सबसे क्या मतलब? आप अपनी फिक्र कीजिये, मैं अपनी कर लूँगा। यह बात समझी तो स्वार्थ की जाती है, पर है परमार्थ की। मैं पहले अपने को सुधार लूँगा तभी दूसरों को सुधार सकूँगा। अपना कर्तव्य मुझे करना चाहिए। इसी में सारी कार्यसिद्धि है।

आपसे विदा लेने से पहले मैं इन बातों को दुहरा देने की इजाजत चाहता हूँ—

१. सच्चा स्वराज्य अपने मन पर राज्य करना है।

२. उसकी कुँजी सत्याग्रह, आत्मबल अथवा प्रेमबल है।

३. इस बल से काम लेने के लिए सोलह आने स्वदेशी बनना जरूरी है।

हम जो कुछ करना चाहते हैं वह इसलिए नहीं कि अंग्रेजों से हमें द्वेष है, या हम उन्हें सजा देना चाहते हैं, बल्कि इसलिए कि वह करना हमारा कर्तव्य है। अंग्रेज अगर नमक-कर उठा लें, हमारा जो धन ढो ले गये हैं वह लौटा दें, हिंदुस्तानियों को बड़े-बड़े ओहदे देने लगे, गोरी फौज को वापस बुला लें, तो भी हम उनके कारखानों के बने कपड़े पहनने, अंग्रेजी भाषा को काम में लाने और उनके उद्योग-धंधों का उपभोग करने लगें, यह नहीं होने का। यह बात समझ लेनी चाहिए कि ये बातें हमारे लिए अकर्त्तव्य हैं, इसलिए हमें नहीं करनी हैं।

अंग्रेजों से मुझे कोई द्वेष नहीं, पर उनकी सभ्यता से अवश्य है। और जो कुछ मैंने कहा है वह उसी के खिलाफ है।

मुझे ऐसा जान पड़ता है कि हमने स्वराज्य का नाम तो याद कर लिया है, पर उसका स्वरूप, सच्चा अर्थ नहीं समझा है। मैंने उसे जैसा समझा है वैसा ही समझाने का यत्न किया है। और मेरा मन इस बात की गवाही देता है कि ऐसा स्वराज्य प्राप्त करने के लिए मेरी यह देह समर्पित है।

वंदेमातरम्

परिशिष्ट

'आर्यनपाथ' का 'हिंद-स्वराज्य अंक'

['आर्यनपाथ' (बंबई) के 'हिंद-स्वराज्य-अंक' के विषय में मैंने 'हरिजन' में जो लेख लिखा था, 'हिंद-स्वराज्य' के इस नये संस्करण में उसे प्रस्तावना रूप में उद्धृत कर देना अनुपयुक्त न होगा। यद्यपि 'हिंद-स्वराज्य' के पहले संस्करण में गांधी जी ने जो विचार प्रकट किये हैं वे अपने मूल रूप में ज्यों-के-त्यों हैं, पर उनका आवश्यक विकास तो होता ही रहा है। नीचे मेरा जो लेख दिया जा रहा है उससे पाठकों को इस विकास का कुछ परिचय मिल जायेगा।

वर्धा, ११-१२-३८ म० ह० देसाई]

बंबई के अंग्रेजी मासिक 'आर्यनपाथ' ने 'हिंद-स्वराज्य-अंक' ('स्पेशल हिंद-स्वराज्य नंबर') के नाम से अपना विशेषांक निकाला है। इस अंक की कल्पना अपूर्व है और उसे कार्यरूप देने में पूरी सफलता भी मिली है। इस विषेशांक के प्रकाशन का श्रेय मुख्यत: हमारी प्रतिभा शालिनी बहन श्रीमती सोफिया वाडिया को है। उन्होंने बड़ी लगन के साथ इसे प्रस्तुत करने के लिए श्रम किया है। उन्होंने 'हिंद-स्वराज्य' (इंडियन होमरुल) की प्रतियाँ विदेशों में बहुसंख्यक मित्रों के पास भेजी और उनमें से प्रमुख जनों से पुस्तक के विषय में अपने विचार लिख भेजने का अनुरोध किया। वह खुद उसके विषय में कई विशेष लेख लिख चुकी हैं जिनमें यह दिखलाया है कि यह पुस्तक भावी भारत के लिए आशारूप है। पर वह यूरोप के मनीषियों और लेखकों से यह कहलाना चाहती थीं

कि वह यूरोप को भी, जिस नैतिक अराजकता के गढ़े में आज वह गिरा हुआ है उससे निकालने की शक्ति रखती हैं। इसीलिए उन्होंने यह विशेषांक निकलवाने की बात सोची। इसका फल बहुत ही सुंदर रहा।

इस विशेषांक में प्रोफेसर सॉडी, जी० डी० एच० कोल, सी० डी. डिलाइल बंस, जान मिडिलटन मरे, जे० डी० बेरेस फोर्ड, ह्य० फासेट, क्लाड हाउटन, जेराल्ड हई और आइरीन राथबोन जैसे मनीषियों के लेख दिये गये हैं। इनमें से कुछ अवश्य ही प्रसिद्ध शांतिवादी और समाजवादी हैं। शांतिवाद और समाजवाद के विरोधियों के लेख भी इसमें होते तो यह अंक कितना अधिक सुंदर होता! लेखों का क्रम ऐसा रखा गया है कि "शुरू के लेखों में जो प्रतिकूल आलोचनाएँ की गई और एतराज उठाये गये हैं पीछे के लेखों में उनमें से अधिकांश का जवाब दे दिया गया है। पर एक-दो एतराज ऐसे हैं जो लगभग सभी लेखकों ने किये हैं, और उनपर यहाँ विचार कर लेना उचित होगा। उनकी कुछ बातों को तो तुरंत स्वीकार कर लेना चाहिए। मिसाल के तौर पर, प्रोफेसर सॉडी ने लिखा है कि मैं हाल में ही भारत का भ्रमण करके लौटा हूँ, और देश के बाह्य जीवन में मैंने ऐसी कोई चीज नहीं देखी जो यह बताये कि पुस्तक में प्रतिपादित सिद्धांत देशवासियों की विचारधारा पर कुछ अधिक असर डाल सके हैं। यह बात सोलह आने सही है। श्री जी० डी० एच० कोल की यह उक्ति भी उतनी ही सच है कि शुद्ध वैयक्तिक अर्थ में गांधीजी स्वराज्य के उतने पास पहुँच गये हैं जितने पास कोई आदमी पहुँच सकता है, पर दूसरी समस्या को वह अब तक इस रूप में हल नहीं कर पाये हैं जिससे उन्हें संतोष हो सके। वह समस्या है–सहयोग का ऐसा आधार कैसे प्राप्त किया जाए जिससे मनुष्य-मनुष्य के बीच, अकेले काम करने और दूसरों को अपने बुद्धि-विवेक के अनुसार काम करने में सहायता देने के बीच जो अंतर है वह मिट सके। इसके लिए उनके साथ मिलकर और उन-सा होकर काम करना होता है, एक साथ दो व्यक्तित्व धारण करने पड़ते हैं अपना और किसी और का भी। दूसरे का व्यक्तित्व-दूसरे की अपनाई हुई दृष्टि निरीक्षण, समीक्षा और मूल्य आंकने का यत्न कर

सकती है और उसे करना चाहिए। जॉन मिडिलटन मरे का भी कहना है कि "अहिंसा जब राजनीतिक दबाव डालने की एक कार्यविधि मात्र के रूप में लाई जाती है तब उसकी शक्ति बहुत जल्दी समाप्त हो जाती है।" तब यह प्रश्न उपस्थित होता है। 'क्या यह अहिंसा सच्ची अहिंसा है?

पर यह सारी क्रिया अनंत विकास की है। साध्य की सिद्धि के लिए श्रम करते हुए मनुष्य साधन की संपूर्णता के लिए भी यत्न करता जाता है। अहिंसा और प्रेम के सिद्धांत का बुद्ध भगवान् और हजरत ईसा आज से हजारों साल पहले प्रतिपादन कर चुके हैं। इन लंबी सदियों के बीच बहुतेरे व्यष्टिरूप में, छोटे सुनिश्चित प्रश्नों पर इस सिद्धांत का प्रयोग कर सफल हो चुके हैं। जैसा कि जेराल्ड हर्ड ने कहा है, और जैसाकि सब मानते हैं—"गांधीजी के प्रयोग में जो सारी दुनिया दिलचस्पी ले रही है और युगों तक लेती रहेगी उसका कारण यह है कि उन्होंने इस कार्यविधि को बड़े पैमाने पर अथवा समूचे राष्ट्र के लिए काम में लाने का यत्न किया।" इस प्रयोग की कठिनाइयाँ स्पष्ट हैं। पर गांधीजी को विश्वास है कि उन्हें पार कर लेना अनहोनी बात नहीं है। १६२१ में यह प्रयोग अशक्य दिखाई दिया और छोड़ देना पड़ा, पर जो उस समय असाध्य था वह १६३० में साध्य हो गया। आज भी अकसर यह सवाल सामने आता है—'अहिंसात्मक साधन क्या है?' इस शब्द का अर्थ और भाव सारी दुनिया के लिए एक हो जाये, इसके लिए अहिंसा पर लंबे अरसे तक अमल होना जरूरी होगा। पर इसका साधन अधिकाधिक आत्मशुद्धि है। पश्चिम के विचारक अक्सर इस बात को भूल जाते हैं कि अहिंसा की बुनियादी शर्त प्रेम है और तन-मन की ऐसी शुद्धि के बिना जिसमें मल का लेश न हो शुद्ध, निःस्वार्थ प्रेम उपज नहीं सकता।

मशीनों और सभ्यता पर आक्रमण

पुस्तक को सराहनेवाली अन्य सभी आलोचनाओं की एक सामान्य विशेषता यह है कि सब आलोचकों की राय में गांधीजी ने मशीनों की जो निंदा की है वह अनुचित और अकारण है। मिडिलटन मरे कहते

हैं–"अपनी मानस-दृष्टि की तीव्रता में वह (गांधीजी) यह भूल जाते है कि जिस चरखे को वह इतना प्यार करते हैं वह भी तो कल ही है, और प्रकृति की बनाई हुई वस्तु नहीं है। उनके सिद्धांत के अनुसार उसे भी बिदा कर देना चाहिए।" प्रोफेसर डेलाइल बर्न फरमाते हैं–"यह मूलगत सिद्धांत-विषयक भ्रम है। इसका अर्थ यह है कि जिस किसी भी औजार का दुरुपयोग हो सकता हो वह नीति की दृष्टि से बुरा है। पर चरखा भी मशीन है, और नाक पर चढ़ा हुआ चश्मा भी शारीरिक दृष्टि की सहायता करने वाला यंत्र ही है। हल कल है और कुएँ से पानी निकालने के पुराने से पुराने साधन भी मनुष्य के मानव-जीवन सुधारने के शायद दस हजार साल के सतत: प्रयत्न के पिछले अवशेष होंगे।......यंत्र मात्र का दुरुपयोग हो सकता है। पर ऐसा है तो बुराई यंत्र में नहीं, मनुष्य में है जो उसका दुरुपयोग करता है।"

मुझे स्वीकार करना होगा कि 'मानसदृष्टि' की तीव्रता में गांधीजी ने मशीनों के बारे में जरा कुछ अनगढ़ शब्दों से काम लिया है, और अगर वह पुस्तक को दुहरायें तो खुद उन्हें बदल दें। कारण यह कि मुझे विश्वास है कि जिन उक्तियों को मैंने यहाँ उद्धृत किया है गांधीजी उन सबको स्वीकार कर लेंगे और उन्होंने यंत्रों पर उन नैतिक गुण-दोषों का कभी आरोप नहीं किया है जो उनसे काम लेने वाले मनुष्यों में होते हैं। उदाहरणार्थ, १९२४ में इस विषय में उन्होंने जो शब्द कहे थे वे ऊपर जिन दो लेखकों के वचन उद्धृत किये गये हैं उनकी याद दिलाते हैं। उस वर्ष दिल्ली में हुए एक संवाद को मैं यहाँ उद्धृत करता हूँ। "क्या आप यंत्रमात्र के विरोधी हैं?" इस प्रश्न का उत्तर देते हुए गांधीजी ने कहा–

"यह कैसे हो सकता है, जब मैं जानता हूँ कि मेरा यह शरीर भी एक निहायत नाजुक कल है। चरखा भी कल है और नन्हा-सा खरका भी। मैं जिस चीज का विरोध करता हूँ वह मशीन नहीं मशीन का खब्त है। आज लोगों को उन मशीनों का खब्त है जो आदमी की मेहनत बचाने वाली कही जाती हैं। वे श्रम की इतनी 'बचत' कर डालती हैं कि हजारों

आदमी बेकार हो जाते और सड़कों पर पड़कर भूखों मरने लगते हैं। समय और श्रम की बचत मैं भी करना चाहता हूँ, पर मानव-जाति के एक छोटे-से टुकड़े के लिए नहीं बल्कि मनुष्य मात्र के लिए। मैं चाहता हूँ कि पैसा सब जगह से खिंचकर मुट्ठीभर आदमियों के हाथों में न आ जाये, बल्कि सबके पास रहे। आज तो मशीनों का काम महज यह हो रहा है कि गिनती के थोड़े-से आदमियों को लाखों की पीठ पर चढ्ढी गाँठने में सहायक हों। इस प्रवृत्ति की प्रेरणा करनेवाली वृत्ति मनुष्य की मेहनत बचाने का लोकोपकार-भाव नहीं है बल्कि पैसे का लोभ है। इसी वस्तुस्थिति के विरुद्ध मैं अपनी सारी शक्ति लगाकर लड़ रहा हूँ...... विचारने की मुख्य वस्तु मनुष्य–उसका हित है। कलों की प्रवृत्ति यह न होनी चाहिए कि उसके अंगों को बेकार बना दें। मैं कुछ कलों को अपवादरूप मान सकता हूँ। मिसाल के लिए सिंगर की सिलाई की मशीन को ले लीजिए। वह उन थोड़ी-सी सच्ची उपयोगी वस्तुओं में है जिन्हें दुनिया अबतक ईजाद कर सकी है। उसके आविष्कार के पीछे एक सुंदर, प्रेम कहानी भी है। सिंगर ने देखा कि उसकी पत्नी को सीने और बखिया करने का जी उबाने वाला काम करना पड़ता है। पत्नी के प्रति उसके प्रेम ने इस अनावश्यक श्रम से उसे बचाने के लिए यह कल बनाने की प्रेरणा की। यह कल बनाकर उसने अपनी पत्नी की ही मेहनत नहीं बचाई, उन सभी लोगों को इस पित्तामार श्रम से बचा लिया जो उसे खरीद सकते हैं।"

"पर इस सिलाई की मशीन को बनाने के लिए तो एक खासा बड़ा कारखाना होना चाहिए और उसमें बिजली आदि की शक्ति से चलनेवाली साधारण प्रकार की मशीनें भी लगानी होगी?" प्रश्नकर्ता (श्री रामचंद्र) ने पूछा।

गांधी जी ने जवाब दिया–"बेशक। पर मैं इतना समाजवादी अवश्य हूँ कि यह कारखाना राष्ट्र की संपत्ति हो, राज्य के नियंत्रण में चलाया जाए, यह कह सकूँ।...उसकी स्थापना का उद्देश्य मनुष्य की मेहनत

बचाना होना चाहिए, लखपती बनने का लोभ उसका प्रेरक हेतु न होना चाहिए। मिसाल के लिए, टेढ़ा हो जानेवाले तकले को सीधा कर देने की कल का मैं सदा स्वागत करूँगा। इसका अर्थ यह नहीं है कि लुहार तकले बनाना बंद कर देंगे। वे तो बदस्तूर तकले बनाते रहेंगे, मगर तकले के बिगड़ने पर हर कातनेवाले के पास एक कल होगी जो उसे सीधा कर देगी। अत: लोभ के स्थान पर प्रेम को बिठा दीजिए और सब-कुछ ठीक हो जायगा।"

"पर जब आप सिंगर की सिलाई की मशीन और अपने तकले को अपवाद मान सकते हैं तो यह अपवादों का सिलसिला कहाँ खत्म होगा?" प्रश्नकर्ता ने पूछा।

"वहीं जहाँ वे व्यक्ति की सहायता करना बंद करके उसके व्यक्तित्व पर आक्रमण करना आरंभ करते हैं। मशीन को इसकी इजाजत न होनी चाहिए कि मनुष्य के अंगों-इंद्रियों को बेकार बना दे।"

"पर आदर्शरूप में क्या आप यंत्रमात्र का त्याग न करेंगे? जब आप सिलाई की मशीन को अपवादरूप मानते हैं तो आपको मोटर, बाइसिकिल इत्यादि को भी अपवाद मानना होगा?"

गांधीजी ने जवाब दिया-"नहीं, मैं ऐसा नहीं करता। इसका कारण यह है कि वे मनुष्य की किसी बुनियादी आवश्यकता की पूर्ति नहीं करतीं। मोटर की चाल से फासले को तै करना मनुष्य की कोई मौलिक आवश्यकता नहीं है, पर सुई ऐसी चीज है जिसकी मनुष्य के जीवन में अनिवार्य आवश्यकता है, वह उसकी बुनियादी जरूरत है।"

उन्होंने और कहा-"पर आदर्शरूप में तो मैं यंत्रमात्र को त्याज्य मानूँगा। मैं अपने इस शरीर का भी, जो मुक्ति की प्राप्ति में सहायक नहीं है, त्याग करना पसंद करूँगा और आत्मा की पूर्ण मुक्ति के लिए प्रयत्न करूँगा। इस दृष्टि से मैं हरएक कल का त्याग करूँगा। पर कलें बनी रहेंगी, क्योंकि हमारी देह की तरह वे अनिवार्य हैं। जैसाकि मैं आपको

बता चुका हूँ, शरीर स्वयं शुद्धतम यंत्र है, पर आत्मा के ऊँची-से-ऊँची उड़ान भरने में वह बाधारूप हो तो उसका त्याग करना ही होगा।"

मैं नहीं समझता कि किसी भी आलोचक का इस स्थिति से सिद्धांतगत मतभेद हो सकता है। यंत्र भी देह की तरह तभी और वहीं तक उपयोगी है जब और जहाँ तक वह आत्मा के बाढ़-विकास में सहायक हो।

इसी तरह श्री जी० डी० एच० कोल "पश्चिमी सभ्यता मानव-आत्मा का शत्रु बनने को विवश है" इस कथन का खंडन करते हुए कहते हैं–"मैं मानता हूँ कि स्पेन और अबीसीनिया में हुए लोमहर्षण कांड, हम लोगों के सिर पर भय की तलवार का सदा लटकते रहना, वसुधा को धन-धान्य से भर देने की शक्ति रहते हए भी करोड़ों जनों को अन्न-वस्त्र के लाले पड़े रहना, ये सब हमारी पश्चिमी सभ्यता के दोष हैं, महादोष हैं। पर ये उसका स्वभाव नहीं हैं।...मैं यह नहीं कहता कि हम अपनी इस सभ्यता को सुधार लेंगे, पर मैं यह नहीं मानता कि उसका सुधार हो ही नहीं सकता। मैं यह नहीं मानता कि मानव आत्मा के लिए जो कुछ आवश्यक है उस सबका अस्वीकार इस सभ्यता का आधार है" बिल्कुल सही है। गांधी जी ने इस सभ्यता के दोष बताये हैं वे उसके स्वभावसिद्ध दोष नहीं बल्कि उसकी प्रवृत्ति के दोष हैं और इस पुस्तक में गांधीजी का उद्देश्य यह दिखाना था कि भारतीय सभ्यता की प्रवृत्तियाँ पश्चिमी सभ्यता की प्रवृत्तियों से कितनी भिन्न हैं। श्री कोल के इस मत को वह सोलहो आने स्वीकार कर लेंगे कि पश्चिमी सभ्यता को सुधारना अनहोनी बात नहीं है। यह भी मान लेंगे कि 'पश्चिम को पश्चिम के ढंग का' और ऐसे नेताओं के कल्पनानुसार रचित स्वराज्य मिलना चाहिए जो गांधीजी की तरह "अपने-आपको जीत चुके हों, पर जिनका आत्मजय पश्चिम के ढंग का हो, गांधीजी या भारत के प्रकार का न हो।"

सिद्धांत की मर्यादा

श्री जी० डी० एच० कोल ने नीचे लिखा टेढ़ा सवाल पूछा है–"जब जर्मन और इटालियन उड़ाके स्पेन की जनता का संहार कर रहे हैं, जब

जापानी उड़ाके चीनी नगरों में हजारों को मौत के घाट उतार रहे हैं, जब जर्मन सेना आस्ट्रिया में घुस गई है और चेकोस्लोवाकिया पर धावा बोलने को तैयार खड़ी है, जब पैशाचिक बम-वर्षा के द्वारा अबीसीनिया घुटने टेकने को लाचार किया गया हो, ऐसे वक्त भी क्या हिंसा का अवलंबन वैसा ही अधर्म है? अभी दो-ढाई बरस पहले तक में अपने-आपको युद्ध और प्राण हारिणी हिंसा का प्रत्येक परिस्थिति में विरोध करने वाला मानता था। पर आज, युद्ध से घृणा करते हुए भी, इन पैशाचिक कार्यों को रोकने के लिए मैं युद्ध की जोखिम लेने को तैयार हूँ।" उनके अंतर में कैसा उग्र मंथन चल रहा है यह उनके आगे के वाक्यों से प्रकट होता है-"मैं युद्ध का जोखिम लेने को तैयार हूँ, फिर भी 'मेरी दूसरी आत्मा' आदमी की जान लेने की कल्पना मात्र से काँप उठती है। अपने बारे में तो कह सकता है कि मारने की बनिस्बत मरने के लिए तैयार हो जाना मेरे लिए कहीं आसान है। पर कुछ परिस्थितियों में मरने के बजाय विरोधी को मारने की कोशिश करना क्या मेरा कर्तव्य नहीं हो सकता? गांधी जी कह सकते हैं कि जिस आदमी ने वैयक्तिक स्वराज्य प्राप्त कर लिया है उसके सामने ऐसा धर्म-संकट आ ही नहीं सकता? मैं ऐसा वैयक्तिक स्वराज्य पा लेने का दावा नहीं करता। पर मुझे इसका इतमीनान नहीं होता कि वह मुझे मिल गया होता तो भी पश्चिमी यूरोप में आज की स्थिति में यह उलझन मेरे मामने इससे कुछ भी कम विकट रूप में उपस्थित होती।"

श्री कोल ने जैसे बताये हैं वैसे अवसर मनुष्य की श्रद्धा की परीक्षा करते हैं, पर इसका उत्तर गांधीजी अनेक बार दे चुके हैं। यद्यपि वह अपना वैयक्तिक स्वराज पूर्ण रूप में प्राप्त नहीं कर सके हैं, इसलिए कि जबतक उनके देशबंधु उससे वंचित हैं तबतक उनका स्वराज्य उनकी दृष्टि में अधूरा ही रहेगा, पर श्रद्धा उनका जीवन है और अहिंसा में उनकी श्रद्धा इटली या जापान के किये हुए बर्बर हत्याकांडों की चर्चा मात्र से डगमगाने नहीं लगती। कारण यह कि हिंसा से हिंसा के परिणाम ही उपजते हैं और एक बार आप इस रास्ते पर लगे कि फिर उनका अंत नहीं

पाता। फिलिप मझर्ड ने चीन का प्रश्न लाकर लड़ने का आग्रह करनेवाले एक चीनी मित्र को 'वार रेजिस्टरी' (युद्ध-विरोधी) में यों जवाब दिया है–

"आपकी दुश्मन जापान की सरकार है, जापान के किसान और सैनिक नहीं। ये अभागे और अशिक्षित जन तो यह भी नहीं जानते कि उन्हें किसलिए लड़ने का हुक्म दिया जा रहा है। फिर भी आपने अपने देश को बचाने के साधारण उपायों से ही काम लिया आपको इन निरपराध जनों को ही, जो आपके असली दुश्मन नहीं हैं, कतल करना पड़ेगा। हाँ, अगर चीन उस अहिंसात्मक रणरीति को, जिसे गांधी जी भारत में काम में ला रहे हैं, अपनाये और उससे अपनी स्वाधीनता की रक्षा का यत्न करे–और यह युद्ध प्रणाली उसके अपने महान् धर्मोपदेशकों के उपदेशों के कहीं अधिक अनुकूल है–तो मैं यह कहने का साहस कर सकता हूँ कि पश्चिम के शस्त्रयुद्ध के प्रकारों की नकल करने से वह जितनी सफलता की आशा रख सकता है उससे कहीं अधिक सफलता प्राप्त कर सकेगा।....निश्चय ही यह बात सारी मानव-जाति के लिए शिक्षा रूप है कि चीनवासी, जो दुनिया में सबसे अधिक शांति प्रिय जाति है, किसी भी लड़ाकू जाति की अपेक्षा अधिक लंबे काल तक अपनी और अपनी स्वाधीनता की रक्षा कर सके हैं। यह न समझिये कि जो वीर चीनी अपने देश की रक्षा के लिए आज जूझ रहे हैं उनके लिए हमारे दिल में इज्जत नहीं। हम उनके आत्मबलिदान का सम्मान करते हैं और यह मानते हैं कि वे जिन सिद्धांतों में श्रद्धा रखते हैं वे हमारे सिद्धांतों से भिन्न हैं। फिर भी हम मानते हैं कि हिंसा हर हाल में बुरी है और उससे कोई भलाई पैदा हो नहीं सकती। शांतिवाद या अहिंसा आपको सारे कष्टों से नहीं बचा सकती, पर मेरा विश्वास है कि अंत में भावी विजेता का सामना करने में अपनी सारी सेना और अस्त्र शस्त्रों की अपेक्षा वह अधिक प्रभावकर सिद्ध होगा। और सबसे महत्व की बात यह है कि आपकी जाति के आदर्शों को वह जीवित रखेगा।"

कुमारी आइरीन राथबोन भी ऐसा ही प्रश्न करती हैं "दुनिया में ऐसा कौन आदमी है–वह साधारण जन हो या संत पुरुष–जो जालिम की मरजी के सामने सिर झुकाने और अपनी अंतरात्मा की आवाज को अनसुनी करके उनकी जान बचाई जा सकती हो तो दुधमुँहे बालक-बालिकाओं का वध होने देगा? गांधीजी इस प्रश्न का उत्तर नहीं देते। वह इसे उठाते तक नहीं।....ईसा का मत इस विषय में अधिक स्पष्ट है।... उनके शब्द ये हैं–पर जो कोई मुझमें आस्था रखनेवाले इन नन्हें बच्चों को पीड़ा पहुँचाये, अच्छा हो कि उसके गले में चक्की का पाट बाँधकर उसे गहरे समुद्र में समाधि दे दी जाए।' इस विषय में ईसा से गांधीजी की अपेक्षा हमें अधिक सहायता मिलती है।" मैं नहीं समझता कि हजरत ईसा के वचन उनके सात्विक रोष के सिवा और कोई भाव प्रकट करते हैं, और जो बात करने की सलाह उन्होंने दी है वह अपराधी को दंड देने के लिए दूसरे के उससे जबर्दस्ती कराने की नहीं है, बल्कि अपराधी के खुद प्रायश्चित्तरूप में करने की है। और क्या कुमारी राथबोन को इसका निश्चय है कि जिसे वह ईसा का उपाय कहती हैं उसका अवलंबन करके वह बच्चे की जान बचा लेंगी? उनका यह ख्याल गलत है कि गांधीजी ने इस सवाल को नहीं उठाया है। उन्होंने यह प्रश्न किया और स्पष्ट शब्दों में उसका उत्तर दिया है, जैसा कि १३०० साल पहले उन अमर मुसलिम शहीदों ने यह सवाल उठाया और अपने आचरण से उसका जवाब दिया था जिन्होंने स्त्रियों और बच्चों का भूख-प्यास से तड़प-तड़पकर मर जाना गवारा किया, पर जालिम की मरजी के सामने सिर झुकाना और अपनी अंतरात्मा के आदेश की उपेक्षा करना पसंद न किया। कारण यह है कि जालिम के सामने सिर झकाकर और अपनी अंतर्ध्वनि की उपेक्षा करके आप जालिम को और ज्यादा जुल्म करने का बढ़ावा देते हैं।

पर कुमारी राथबोन भी 'हिंद-स्वराज्य' को "अति शक्ति शालिनी" पुस्तक बताती हैं और कहती हैं कि "उसकी जबर्दस्त सच्चाई मुझे मजबूर

कर रही है कि अपने दिल में टटोलकर मेरी अपनी सचाई कितनी है इसको देखूँ। मैं लोगों से इस पुस्तक को पढ़ने का अनुरोध करती हूँ।"

'आर्यनपाथ' के संपादकों ने यह 'हिंद-स्वराज्य-अंक' निकाल कर शांति और अहिंसा के पक्ष की निश्चित रूप से सेवा की है।